교사 N잡 백서

요즘 교사 N잡 뭐함?

박영story

꿈을 꾸고 실천하시는 선생님들과의 꿈터뷰 시리즈. 삶의 하루 하루를 켜켜이 쌓아가며 재미와 의미를 더해 가치 있는 삶을 살고 계신 선생님들을 만났습니다.

8분의 베테랑 선생님들, 본캐부터 부캐까지 수많은 아이템을 장착하고 계신, 찬란한 8분 선생님들의 스토리가 펼쳐집니다. 자기계발의 끝판왕이라 불리는 선생님들, 어떻게 그 많은 일들을 해내고 지금에 이르렀을까요?

궁금했습니다. 어떤 서사가 어떤 스토리가 선생님들의 삶을 역동적으로 만들었는지, 알고 싶었습니다. 유아부터 초등, 중등, 대학까지 각 분야에서 왕성하게 활동하고 계시는 8인 8색 선생님들의 기밀을 많은 사람들에게 알려주고 싶었습니다. 그래서 기획했던 꿈터뷰 시리즈.

일반 연수에서는 실용적인 이야기를 짧고 굵게 이야기하지만, 각 인물의 삶 속으로 뛰어 들어가 선생님의 모습뿐만이 아닌 인간으로 부모로, 각자의 역할에서 어떤 생활을 하는지, 어떻게 일과 삶의 균형을 어떻게 맞추어 나가고 있는지 알고 싶었습니다.

연수에서는 들을 수 없었던 보이지 않았던 숨은 노력과 각종 시련들, 그리고 슬럼프를 극복한 사연들, 8명의 선생님들은 아름다운 동기부여가로 전국구 강사로 활동하고 계십니다. 지금 이 순간에도 전국 각지에서 교사로, 또 각자의 영역에서 멈추지 않는 꿈빛행 열차를 운전하고 계신 선생님들.

닮고 싶고 배우고 싶은 게 한가득인, 아름다운 걸음걸이를 걷고 계시는 8분의 꿈을 꾸는 교사들, 제가 운영하고 있는 '조매꾸 지덕체로' 유튜브에 출연해주신 선생님들의 진짜 이야기가 이제 시작됩니다. 촬영을 진행하면서 기본에 충실하고 작은 것에도 최선을 다하는 모습, 사람을 대하는 태도부터 남다른 8분의 선생님들을 보면서 꼭 책으로 엮어서 많은 분들에게 알려주고 싶었습니다. 선생님들의 이야기가 끝날 때 QR코드로 선생님들의 영상도 넣어봤으니 글과 영상으로 선생님들을 생생히 만나 보실 수 있습니다.

직업을 얻었다고 꿈은 끝나지 않습니다. 어떻게 살 것인가? 조매꾸 정신으로 조금씩 매일 꾸준히 성장해나가는 사람들의 진짜 이야기가 이제 시작됩니다.

어떤 생각으로 어떻게 어떤 삶을 꿈꾸며 오늘 하루를 살 것인가? 철학으로 하루 걷기.

지금부터 나침반이 되어줄 꿈을 향해 행진하는, 밀도 있는 삶의 결정체, 꿈스토리 8분의 꿈터뷰 이야기를 시작합니다.

－조매꾸 꿈런쌤 김병수

Contents

교육상향평준화는 시작되었다(교육끝판왕_정동완)

1. 영어 교사의 기록과 도전의 시간들 1부 ·············· 10
2. 진로 진학 상담교사의 기록과 도전의 시간들 2부 ·············· 14
3. 무엇을 위해 도전을 하는 중인가? ·············· 18
4. 모든 열쇠는 많은 천사들과의 만남 ·············· 21
5. 입시에 관한 질문에 답하며, 입시 달인되보기 ·············· 24

프랑스 해외파견 교사 합격 방법은?(조매꾸 꿈런쌤_김병수)

1. 조매꾸의 시작, 해외파견교사 슬럼프 극복 방법 ·············· 30
2. 조매꾸의 기적, KFC 축구 스포츠 클럽 감독 데뷔 ·············· 35
3. 나는 글로벌 교사가 되기로 했다 ·············· 39
4. 국경 없는 교육, 교육의 경계를 잇는 조미꾸 크리에이터 ·············· 53

N잡으로 내 안의 N자아와 만나다(e미남쌤_김수현)

1. 문과 출신 아날로그 인간에서 에듀테크 전문가로 ·············· 60
2. 삐까번쩍한 미래 교실에 진짜 필요한 건 ·············· 67
3. XR메타버스교사협회, 그게 뭔가요? ·············· 74
4. 저의 장래희망은요 ·············· 81

인생을 터닝포인트 시키는 N잡의 힘(은릿쌤_임가은)

1. 약점이야말로 가장 강력한 '콘텐츠'가 된다 ·············· 88
2. 지금 하는 일을 'N잡'으로 확장하는 방법 ·············· 92
3. 잘 팔리는 책에는 '세 가지'가 있다 ·············· 99
4. 사람이 모이는 프로젝트의 비결은 '이것' ·············· 104
5. 워킹맘도 잘 살고 싶어서 선택한 시간 ·············· 108
6. 나는 N잡으로 삶의 주체성을 찾았다 ·············· 113

선생님의 이야기가 책이 되는 비결(밀알샘_김진수)

1. 선생님의 이야기가 책이 되는 비결 ·· 122
2. 책 쓰기 프로세스, 이보다 쉬울 수 없다 ··· 133
3. 학급 아이들, 꼬마작가 만들기 프로젝트 ·· 143

1% 유치원 교사 준쌤의 챗GPT와 뤼튼 활용법(준쌤_박준석)

1. 반가워, 챗GPT! ··· 152
2. 챗GPT와 대화하기 ··· 159
3. 뤼튼으로 툴 만들기 ··· 172
4. 미래 유치원에서 교사로 살아남기 ·· 184

경제적 여유를 위한 교사 N잡의 모든 것(퇴근맨_김민규)

1. 경제적 자유를 꿈꾸는 선생님들에게 ··· 190
2. 교사도 합법적으로 N잡 할 수 있다 ·· 198
3. N잡을 위해 반드시 갖춰야 할 마인드셋 ·· 209
4. 퇴근맨이 앞으로 이루고 싶은 것들 ·· 214

챗GPT시대 '진로 연금술'('발아'를 돕는 커리어 크리에이터_김병옥)

1. 챗GPT시대 진로를 바라보는 눈 ·· 220
2. 미래사회 직업변화 ··· 233
3. 진로 연금술 ··· 238

교사 N잡 백서

교육상향 평준화는 시작되었다

1
CHAPTER

교육끝판왕
정동완

1. 영어 교사의 기록과 도전의 시간들 1부
2. 진로 진학 상담교사의 기록과 도전의 시간들 2부
3. 무엇을 위해 도전을 하는 중인가?
4. 모든 열쇠는 많은 천사들과의 만남
5. 입시에 관한 질문에 답하며, 입시 달인되어보기

꿈터뷰

영어 교사의 기록과 도전의 시간들 1부

영어 필요와 불편함의 작업 연결고리, 그리고 매 순간 최고가 되자

저는 공부를 하고, 기록하고, 생각하고, 전문가분들과 연대하며 현재까지 교육전문가 연대를 만들어오고 있습니다. 별난? 선생님들의 재능나눔 네트워크를 오래전부터 꿈꿔왔고, 작은 결실을 내오고 있습니다. 40대 중반인 현재까지도 줄기차게 달려온 결과물을 보면, 과거와 현재, 그리고 설레는 미래도 함께 그려질 것 같습니다.

영어 교사 임용 3년 차에 특목고인 김해외고에 전입을 도전했습니다. 2년 차에 다니던 중학교의 교감 선생님이 제게 "동완쌤, 김해외고는 아무나 가는 곳이 아니에요~"라고, 걱정과 농담을 섞어서 던지셨을 정도로, 제게도 큰 도전이었습니다. 역시나 어려웠습니다. 아이들의 영어 실력이 저보다 좋았고, 외국에 살다 온 학생들의 Debate 실력과 Model UN 활동, 매시간 영어 수업들, 주말마다 하는 경상남도 외국어 영재원 수업들은 오가는 차 안에서 쉼 없이 영어를 연마하게 만들어 주었습니다. 그 무모한 도전이 여러 가지 결실들을 위한 점의 시작이었습니다.

30대는 영어 교사로서의 전문성을 기반으로 전국에 '의미단위 영어학습법'을 공교육에 적용하게 하려는 도전의 시간이었습니다. 외고의 학생들의 자퇴 원인 중 가장 큰 비중이 영어 회화라는 사실을 알게 되면서, 학생들이 듣고, 말하는 영어 교육에 대한 고민을 했습니다. 초, 중, 고에 걸쳐 의미단위, 청크(Chunk)를 통한 영어 듣기, 말하기, 쓰기, 읽기가 그 해결책이라고 생각하고, 지긋지긋한 동침을 10년 동안 하게 됩니다. 2011년은 정말 소중한 첫 영어 아이를 출산한 해였습니다. 1년을 꼬박 4명의 선생님들과 주말, 밤낮없이 작업해서, "아임 in 청크 리스닝 1, 2(사람in)" 출간하고, 김해외고 방과 후 수업과, 지역의 초중학교 학생들의 도서관 지식기부 활동을 하면서, 그 효과가 얼마나 컸는지, 같은 해에 의미단위 청크의 효과성 논문을 2개를 공저하게 됩니다. 그리고 책 없이도 핵심 연습을 할 수 있으면 좋겠다는 생각으로, 교육청 지원 사업들을 신청해서, 2014년 청크 영어 앱 8개를 앱스토어에 출시하고 많은 분들이 활용하셨습니다. 수많은 영어 교사 1정 연수 강의, 도서관 및 지자체 특강 150회 등 더 많은 의미단위 청크가 알려지게 많은 분들이 함께 해주셨었습니다.

듣기, 말하기 훈련 교재를 만든 뒤, 결국 대입 독해에 중요한 속독법과 에세이 분석접근법을 개발하였고 외고 학생들의 인정을 받은 뒤, 2013년에 키출판사에서 '3번 읽고. 10점 올리기' 책을 출간하였습니다. 그리고 잉글리시버스 수능인강 60강을 사비를 드려서 만들면서, 강남 매봉역의 EBS 간판을 보게 됩니다. 이어서 2013~2017 5년간 전국의 영어선생님 100명 넘는 분들과 수능 영어 교재 25권(색시한 수능영어 시리즈. 듣기. 어휘 구문. 독해. 기출. 변형교재, 모의고사)을 오프라인 미팅 한 번 없이 만들어 가게 됩니다. 2017년 절대영어 무조건 오른다 시리즈

(우리교과서), 2018년 사고치면 영어가 된다(박영사), 2018년 시험에 나오는 어법만 딱(꿈틀), 2021년 영어 오답의 모든 것 시리즈 4권(꿈구두)을 끝으로 영어 연구는 종료가 됩니다. 아래는 EBS 파견을 통해, 영어 교사로서 영어를 마치고 적은 SNS 글입니다. 저 날의 뭉클함은 아직도 여운이 남습니다. 함께 힘들게 연구 해주셨던 영어교재 작가님들에게 깊은 감사함 다시 전합니다.

#2016.12월 #EBS영어강의 #꿈이루고

제 꿈을 하나 더 이뤘습니다.
그리도 기대하던 제 꿈을 하나 이뤘습니다. 뭉클합니다.
2013년 1월 매봉역 EBS 본사 옆의
키출판사에서 내가 전부 지불한 비행깃값과 식대. 이동시간을 들이면서 찍은 첫인강. 보름을 다니며. 출판될지도 모르는 원고 상태와 출판사의 미온적 태도에 강의를 찍으면 출판이 좀 더 될까 하는 그런 쓸쓸한 마음에
시간과 몸과 돈을 써가며 오고 가는 2013년 1월 추운 어느 날.
매봉역에 있는 EBS 본사 로고를 보고.
'난 몇 년 안에 저기서 영어 강의 찍는다'고 지금도 앞을 내다볼 수 없는 엉성한 삼류 영어 저자의 다짐이 있었습니다.
그걸 드디어 해냈습니다.

그간 파견을 준비하면서
특목고라 파견 안 된다고 실망
파견 제도가 사라질 거라는 실망

파견 후에도 존재감 없는 경남 파견교사
대타로 들어간 입시설명회의 약진
운 좋게 들어간 입시 핫라인의 좌충우돌
영어 시험강의 두개 후 무소식의 실망
다시 버려진 올해 6. 7월
다시 재기하는 입시설명회

한 달 전엔 담당 부장님에게 '해보고 아니면. 안 쓰셔도 되지만. 한번은 기회를
달라'고 독대. 아닌 씁쓸한 애원이었겠지요.
상관없다. 내 꿈을 위해 그따위 자존심이야.
너무 감사하게도 ^^ 시간이 지나 그리 9강의 기획 강의 논의를 할 수 있는 기
회가~ 그리고 준비 기간도 없이 바로 한 주 뒤 촬영시작. 4. 5일 간격으로 해
서 총 4번의 강의를 2주 만에 끝을 내지만.

그간 해왔던 교재개발 20여 권
특목고 강의. 일반고 강의 경험
입시 핫라인의 카메라 적응
겁 없음. 근자감
피디님의 피드백을 다 흡수하려는 노력이
조금 통했습니다.
피디님의 한마디에 참 기분이 좋습니다.
'일취월장하셨네요.'

나에게 칭찬을 하려고 합니다.
동완아! 넌 잘하고 있어~
(2016년 12월 어느 날)

진로 진학 상담교사의 기록과 도전의 시간들 2부

진로진학 필요와 불편함의 작업들의 연결고리, 그리고 매 순간 최고가 되자

2019년 EBS 파견을 마치고 복직을 하면서 영어 수업을 하는 중에 '이렇게 무한 반복되는 삶'보다, 확장성이 무한대인 진로진학을 해야겠다는 생각이 들었습니다. 마침 진로진학상담 교사 모집 공문을 우연히 보았지만 경력이 낮은 제가 합격할 확률이 거의 없었습니다. 그런데 이게 무슨 일인지, 제가 지원하는 시기부터 면접 30%가 추가되었고, 저녁에 뭐라도 배우자고 다녔던 대학원의 전문상담 1정 자격의 가산점이 상당히 컸습니다. 관련 책 출간, 관련 교육청과 학교 단위 강의 점수, 그리고 김해외고 시절 입학사정관 연수 점수들이 모여서 간신히 1차 서류 통과를 도와줬습니다. '어떤 경험이든 모두 재산이 되는 순간'을 경험했습니다.

처음 출간한 진로 진학 책은 신선함도 느꼈지만, 입시 관련 정보가 얼마나 필요한지(모두 답답해하는) 알게 되는 계기도 되었습니다. 시중에 출간된 '종합전형' 관련 도서들은 이론 위주로 어렵게 집필되어 이해하기 쉬운 수준별 도서를 기획하게 되었습니다. 2016년 '학생부 종합전형

고교백서(넥서스)'는 이러한 기획하에 출간된 도서로, 출판사 내 만장일 치로 출판 결정이 되었습니다. 그런 경우가 별로 없는데, 이유는 간단 했습니다. 출판사 직원분들이 모두 학부모였거든요. 이후 매년 진로진 학에 필요가 생기면, 기획 초안을 잡고, 전국 네크워크에 작가님 모집 을 하고, 초고 작성과 기획 발전 협의를 통해서, 팀장님을 정하고, 일정 을 잡고, 데드라인 기법을 세워서, 서로 독려하며 그렇게 현장에 꼭 필 요한 콘텐츠를 만들어 왔습니다.

2017년 학종혁명(우리교과서), 2017. 대입혁명(꿈결), 2018. 중학생 활백서(서울문화사), 2018. 나의 학생부 만들기(넥서스), 2019. 공학 계열 진로&진학&직업(왕의 서재), 2021. 대입 모든 것 자소서 끝판왕(꿈구두) 6쇄, 2019. 대입 모든 것 면접 끝판왕(꿈구두), 2021. 대입 모든 것 학생 부 끝판왕: 이과(꿈구두), 2021. 대입 모든 것 학생부 끝판왕 : 문과(꿈구 두) 5쇄, 2021. 대입 모든 것 공부 끝판왕(꿈구두), 2021. 과제탐구 끝판 왕(꿈구두), 2020.나는 탐구보고서로 대학간다(미디어숲)(하룻밤에 작성하는 이공계 탐구보고서)(하룻밤에 작성하는 인문계 탐구보고서), 2020. 교사를 위 한 진로 끝판왕1 시작편(꿈구두), 2020. 교사를 위한 진로 끝판왕2 완성 편(꿈구두), 2020. 의생명 진로진학직업(서울문화사), 2021. 학부모 입시 코치 끝판왕(진한), 2021. 중학생활끝판왕(꿈구두), 2021. 교육학 끝판왕 (꿈구두), 2021. 소프트웨어 끝판왕(꿈구두), 2022. 20대를 시작하는 너에 게(꿈구두), 2022. 면접끝판왕 심화편(꿈구두), 2022. 계열 합격 끝판왕(꿈 구두) 전 6권 세트, 2024. 나만 알고 싶은 학생부 6권(진한), 나만 알고 싶은 특목자사고 합격끝판왕, 영재원 합격끝판왕, 특성화고에서 성공하 기, 재외국민특별전형 등 현재도 연구 진행중학교 현장에 도움이 되고 싶어, 교사 원격 연수와 자격 과정에도 마음을 다해서 준비를 해왔습니다. 꿈진로 핵심과정 연수(현 1200명 수강. 민간자격증), 2022. 합격 코치, 지도사 과정 연수(현 120명 수강. 민간자격증), EBSi 진로진학 온라인 인기 강좌들, 입시핫라인, 입시설명회, 최고수 입시특강, 카드뉴스, 개정교육과정 특강, 2019 팟캐스트 진학주책쇼 운영(팟빵. 팟티), 2021 EBS 교원 원격 연수 : 진학 마스터 핵심과정, 2021 EBS 교원 원격 연수 : 과제탐구 마스터 과정 이론편과 실전편, 통합편, 2021 EBS 교원 원격 연수 : 진학 마스터 심화과정, 2021 티셀파 교원 원격 연수 : 교사 자존감, 2021 티셀파 교원 원격 연수 : 학생 자존감, 2021 티셀파 교원 원격 연수 : 행복한 학급 만들기, 학생과 교사 자존감 수업, 2021 티셀파 교원 원격 연수 : 강의의 품격에는 이만기 이사님과 혼공 유니버스의 혼공샘 등 평소 존경하는 분들과의 협업으로 스스로도 많이 배우는 계기가 되었습니다.

초등의 중요성과 건강, 공부법, 미래학교, 과목별 공부에 대해서도 알려야 해서, 관련 전문가분들과의 결과물을 만들어왔습니다. 초등 1.2학년 공부법의 모든 것(꿈결), 초등 3.4학년 공부법의 모든 것(꿈결), 초등 5.6학년 공부법의 모든 것(꿈결), 2017. 10대가 맞이할 세상, 새로운 미래직업(미디어숲), 2018. 대한민국 십대, 건강은 하십니까(꿈결), 2018. 옆집 아이, 성적의 비밀 건강에 있다(서울문화사), 2018. 드디어 공부가 되기 시작했다(우먼센스), 2019. 학습자 중심교육 진짜 공부를 하다(미디어숲), 2019. 미래교육 미래학교(미디어숲), 2020. 유초등 생활 백서(서울문화사), 2020. 수학끝판왕: 수포자의 반격(꿈구두), 2021. 세상을 디자인하라(진한), 2021. 리얼라이즈(진한), 2021. 수학 오답의 모든 것 4권 시리즈(와우북스), 2022. 국어 오답의 모든 것(꿈구두) 문학편, 2022. 국어

오답의 모든 것(꿈구두) 독서편, 2023. 나만 알고 싶은 공부법(꿈구두).

그리고 지금도 전문가 선생님들과의 연대는 지속하고 있습니다. 존 던 시인의 의미는 시인의 해석(죽음)과는 다르겠지만, 그 시를 받는 것은 독자(저는 삶과 연대로 해석)의 온전한 세상이니, 아래 시로서, 우리는 연결되고 연대하고, 합해야 우리를 위한 종이 울릴 것이라 생각합니다.

모든 인류는 한 작가(하나님)의 작품이며 하나의 책이다. 한 사람이 죽었을 때, 그저 책에서 한 장이 찢겨져 나가는 것이 아니라 더 나은 언어로 번역되는 것이다. 또한 모든 장은 그렇게 번역되어야만 한다.

"인간은 섬이 아니다(No Man Is An Island)"

John Donne

누구든, 그 자체로서 온전한 섬이 아니다.
모든 인간은 대륙의 한 조각이고, 전체의 일부이다.
만일 흙덩이가 바닷물에 씻겨 내려가면
대륙의 땅은 그만큼 작아지며,
그대의 친구들이나 그대 자신의 집이 그리되어도 마찬가지이다.
어느 누구의 죽음도 나를 감소시킨다.
왜냐하면 나는 인류 속에 포함되어 있기 때문이다.
그러니 누구를 위하여 종이 울리는지 알고자 사람을 보내지 말라.
종은 그대를 위하여 울린다.

무엇을 위해 도전을 하는 중인가?

소풍 마치고 가는 날

사람들이 일을 시작할 때나, 늘 뭔가를 열심히 하고 있는 저를 보면 묻습니다. "무엇을 위해 그렇게 열심히 하고 있나요? 멋진 말을 생각해 보지만, 스스로 대단한 목표보다는, 제 메일 가통이에 적어둔 '세상 소풍 마치고 돌아가는 날, 웃으며 잠들기!'가 삶의 목표라고 이야기합니다. 이 멋진 소풍에서 반복되는 일상보다는 해보지 않은 다양한 일들과, 불평하고 힘들어하기보다는 장점을 찾고, 감사해하려고 노력하고 있습니다. 이런 대답에 대부분은 현실적인 목표를 다시 묻곤 하는데, 오늘도 뭔가를 열심히 하는데, 안 해 본 뭔가를 생각해 보면서 삶이라는 게임을 하는 중이라는 말밖에는~

고등학교 때 참 좋아했고, 친한 국사샘이 어떻게 살고 싶은지 제게 물어보신 적이 있습니다. 그때 저는 '평범하게 살고 싶다'고 말씀을 드렸고, 선생님은 왜 그리 꿈이 작냐고 크게 가져도 좋다고 하셨습니다. 그 말씀에 동의하지만, 그때도 지금도 변치 않은 생각은, 평범하게 산다는 것이 참 어렵다는 것입니다. 제가 생각한 평범은 제가 하는 일에 만족하며, 나의 발전과 조직의 발전 방향이 같아서, 하는 일들이 나와 조직을 발전시키고, 열심히 일하고 돌아오는 집에는 양손에 사랑하는 아내와 아이들을 위한 간식거리가 들려있고, 와이프가 김치찌개를 만들고, 환하게 웃으며 맞이하고, 아이들도 옹기종기 서로 안부를 물으며, 식사 후에 강아지랑 집 앞에 산책하고, 가볍게 맥주 한잔에 오늘 일들을 나누는 그런 평범한 삶! 17살의 제가 생각한 그 평범함을 지금은 대견하다고 생각하고, 그 감사한 평범함을 지키기 위해 지금도 부단한 노력을 하는 중입니다.

좋은 교사가 되는 방법? 수업과 상담

조금 더 그 과정들을 쪼개어 살펴보려고 합니다. 시기별 작업 동기와 그간의 길을 돌아보면, 이 책을 읽고 있는 분들에게 작은 인사이트가 제공되기를 바라는 마음에서요.

세상에 그리 대단한 사람은 없고, 노력하는 사람은 많다. 같이 노력해서 조금씩 조금씩, 모자란 부분들이 있는 사람들끼리 같이하면 괜찮은 도전을 할 가치가 생긴다고 믿고 있습니다. 교직 신규 연수를 받는 중에, 선배 교사에게 물었습니다. "교사 생활을 잘 하려면 어떻게 해야 하나요?" 돌아온 선배 교사의 두 마디가 교직의 큰 방향이 되었습니다. "수업이랑 상담을 잘하면, 참 재미있어요. 후배님." 수업, 그리고 상담. 이 두 가지를 위해 2년 차부터 수업 대회를 시작으로 3년 연속으로 도전하면서, 첫해 예선 탈락, 두 번째 3등, 세 번째 2등. 그리고 김해외고로 전입까지 이어졌습니다. 그 수업 잘하기 위한 교재 연구가 집필로 이어졌고, 80권의 연구물들과 빅데이터 기반 마이베스트 진로진학 컨설팅 프로그램 정동완 진로진학 GPT 개발과 AI 큐레이션 프로그램 기획까지 이어졌습니다. 그리고 저녁 시간을 활용하여 상담심리 대학원에 진학하여 진로 교사가 되는 상담 전문 자격증을 받게 되었고, 이것은 영어교사에서 진로 교사로 활동을 옮기게 되는 씨앗이 되었습니다.

부자아빠 가난한 아빠

이 책을 쓰면서 교직에서 최선을 다하는 이 열정의 근원에 대해 생각을 해봤습니다. 돌이켜 추적을 해보니, 대학교 1학년 때, 학과 사무실에서 봤던 두 권의 책이 평범한 고등학생의 생각을 바꾼 것 같습니다. 〈부자 아빠 가난한 아빠〉는 열심히 공부해서, 좋은 대학에 가서, 좋은 직업을 가지고, 좋은 집에서 살아가는 것을 가난한 아빠라고 하는 작가의 말에 큰 충격을 받았습니다. 우리가 평소 지향하는 삶의 방향들이, 규모를 유지하기 위한 소비재일 수 있다는 지적은 기존의 생각을 100% 깨는 내용이었습니다. 반대로 부자 아빠는 생산재를 많이 가지고 있고, 가난한 아빠는 소비재를 많이 가지고 있다는 내용으로 압축했을 때 부자 아빠가 되기 위해서 생산재, 즉 저작권, 나의 가치, 부동산, 어떤 물건을 사더라도 소비를 위한 것인가, 또 다른 생산을 위한 것인가를 생각하는 습관을 가지게 한 인생 책이었습니다.

신규 교사 시절에는 '나의 가치'를 높이기 위해서 노력했고, 책 출간, 앱 개발, 프로그램 개발 등의 저작권으로 발생한 교사 월급 외의 작은 부수입도 있었습니다. 재테크에 실패하기도 했지만 더 많은 사람이 필요로 하는 사람이 될수록 가치가 높아진다는 저명한 사실 또한 깨닫게 되었습니다. 현재는 또 어떤 생산재를 만들어야 하는지 두리번거리는 중입니다.

모든 열쇠는 많은 천사들과의 만남

교육전문가분들과의 모임을 통해 만난 천사들

서울과 비서울의 극심한 교육격차의 해소를 위해 학교·교육청 찾아 특강을 하고 있습니다. 혼자선 어려워 교사 봉사단체 구성해서, 교사, 외부 전문가, 학부모님들과의 연대를 시작했습니다. 교사들과 정보를 교환하고, 교육콘서트 등의 나눔 활동을 통해, 개인과 단체의 상생을 알게 되었습니다. 혼자서는 빨리 가지만, 함께는 오래 간다는 말이 정말 맞습니다.

"우리나라에서는 서울과 비서울, 가진 자와 그렇지 않은 자들로 나뉘는 경향이 있습니다. 교육에서도 마찬가지입니다. 지방에서 서울이나 대도시를 따라가기는 쉽지 않습니다. 모두 함께 높은 수준의 교육을 하자는 의미에서 '상향평준화'를 외치고 있습니다. 뜻을 같이하는 교사들과 함께 이 목표를 이루고자 하지만, 사실 어렵다는 것을 잘 알고 있습니다. 다만 작은 날갯짓은 할 수 있기에, 해보는 중입니다." 한겨레 신문에 인터뷰한 내용입니다.

길에 동참한 교사나 교육전문가들은 주로 수도권이 아닌 지역에서

활동하는 인물들입니다. 서로 멀리 떨어져 있어서 모임을 갖는 것조차
버겁지만, 다양한 SNS와 인터넷 등이 우리들의 훌륭한 '아고라' 역할을
하고 있습니다.

교사·전문가들로 봉사단체 '오내학교'와의 만남

상향 평준화는 혼자 할 수 없는 큰 과업입니다. 아이들을 가르치며
학습·진학 관련 특강·콘서트까지 하는 것은 무리였지만 차근차근 준
비하여 2017년 '오늘과 내일의 학교'(오내학교)라는 단체를 꾸렸고, 교사
와 교육전문가들이 모여들었습니다. 이들과 함께 '진로 진학 학습 입
시'(오늘과 내일의 학교)란 밴드를 운영하고 있습니다. 오내학교 정회원은
140여 명이고 밴드 회원은 3만 1천여 명입니다. 교사들과 외부 전문가
들 간에 강의 나눔을 하고, 정보를 교환하고, 책을 같이 출간하기도 합
니다. 또 지역별로 돌아가며 교육 정보를 나누는 교육콘서트를 열고 있
습니다. 소외 지역의 교육격차 해소에 방점을 찍었고, 교육콘서트는 모
든 강사진의 재능기부와 봉사단체에서 지원하기 때문에 무료로 진행하
고 있습니다. 학부모와 학생들에게 학습이나 진로와 관련된 구체적인
상담도 해주면서, 오내학교에서 본격적으로 연 콘서트는 10회가 넘어갑
니다. 학교, 지방자치단체, 교육기관들의 요청으로 진행한 특강·콘서트,
캠프는 2,300여 회에 이릅니다.

우리는 대학입시 당락에만 매달리지 않고, 각자의 개성과 특장점
을 살리도록 안내하고 거기에 맞춘 학교 활동을 충실히 할 것을 강조하
고 있습니다. 2021년부터 진로전담교사가 되면서 진학지도와 미래의
학습을 더 집중적으로 연구할 수 있었습니다. 콘서트를 하다 보면 지역

별로 필요와 반응의 차이가 크다는 걸 느끼고 있습니다. 영어 특기를 살려 외국의 사례들을 번역하고, 한국의 좋은 사례는 외국에도 알릴 생각입니다.

양질의 교육 정보들이 한곳으로 몰리고, 공유되지 않는 경향이 있어서, 되도록 지역의 많은 학생·학부모들에게 제공해 우리의 목표인 교육의 상향평준화를 이루는 날이 하루빨리 오기를 바라지만, 쉽지 않은 일이라는 것을 잘 알고 있습니다. 우리는 보통 'Better than others' 타인보다 더 좋게라는 기반을 가지고 있어서, 끝없이 경쟁하고, 끝없이 비교하며 불행해지는데, 교육 상향평준화는 어쩌면 내면의 강함과 자기 신뢰를 통해, 행복하게 하는 길이지 않을까 합니다.

그리고 꿈이 없고 무기력한 학생들을 보면서, '어떻게 하면 동기 부여할 힘을 줄 수 있을까' 하는 고민을 자주 했습니다. 주변을 관찰하면서 발견한 두 가지 원천이 있습니다. 결핍과 욕망! 결핍의 상태에서 필요를 느끼면 힘을 낼 수가 있고, 그리고 더 많은 것, 새로운 것을 갈구하는 욕망 또한 힘을 내는 원천이 될 수 있다고 생각했습니다. 멋지게 사는 것에 대한 욕망을 키우고, 인정받는 다양한 방법으로 욕망을 지속시키기 위해 노력중입니다. 과연 욕망 또한 천사가 될 수가 있는지는 더 지켜봐야 할 거 같습니다.

입시에 관한 질문에 답하며, 입시 달인되보기

진로진학 입시는 세 가지를 기억하세요!

대학 전형은 내신, 수능최저 등급, 학생부, 이 세 가지를 기억하면 이해가 쉽습니다. 이 세 가지의 비중에 따라 전형 이름이 다르게 된다고 생각하면 됩니다.

첫째, 학생부 교과전형은 '교과성적' 위주로 봅니다. 교과성적은 교과 내신을 보게 됩니다. 그런데 학교와 학생의 수준 차이로 교과 내신만으로 교과 공부 역량을 평가하기 어렵습니다. 이 문제를 보완하기 위해 '수능 최저 등급'을 넣어서, 신뢰할 만한 내신인지 아닌지를 구분하는 것입니다. 최근에는 '면접'을 통해, 공부할 역량이 있는지 확인도 하고 있습니다.

둘째, 학생부 종합전형은 '교과성적', '학생부'의 활동 기록, '면접'을 통해 학생의 역량을 종합적으로 판단합니다. 학업 역량, 진로 역량, 공동체 역량이 높다면, 조금 성적이 낮아도 충분히 발전할 거라는 기대, 그리고 학교 생활의 만족도가 높다는 추적 결과 때문에 대학들이 선호하는 전형입니다. 이 전형을 통해 합격한 학생들의 자기 주도적인 삶의 모습과 학교의 높은 만족도로, 필자 또한 이 부분의 지도 역량과 준비 방법을 제시하기 위한 연구를 많이 하는 중입니다.

셋째, 학생부 전형들이 기본 교과성적을 기반으로 한다면, 논술전형은 계열적 성향을 보게 됩니다. 인문계열 성향이 짙어서 수학, 과학은 정말 약한데, 국어, 사회, 영어를 특별히 잘하는 학생들, 반대로 이과 계열 성향이 짙어서 수학, 과학은 정말 잘하는데, 국어, 사회, 영어가 약할 수 있습니다. 즉 내신이 3~6등급이 되는 것입니다. 이런 친구들도 대학은 계열별로 진학이 되고, 그 계열에 따라 심화 공부를 하는 곳이어서, 논술이라는 장치를 통해, 한쪽 계열의 역량이 뛰어나면 뽑겠다는 전형입니다.

마지막으로, 특기자 전형은 세부 특기 역량을 가진 학생을 뽑고자 하는 전형입니다. 어학 특기자, 과학 특기자, 소프트웨어와 같이 한 분야에 특화된 학생들을 뽑는 전형입니다. 유사하게 예체능의 경우, 특기자라고 보지는 않지만, 실기 전형의 비중이 높아서 각 예체능의 종목별 전형에서 이 또한 특기자 전형으로 인식하면 됩니다.

어떤 것을 준비해야 하는가?

초등학생이면, '대학 부설 영재교육원', '교육청 영재교육원', 영재학급에서 하는 수학, 과학, 외국어, 정보, 소프트웨어, 인문, 기업가 정신 등을 준비하는 것을 추천합니다. 지원동기, 학업 도전 경험, 공동체에 기여한 부분들을 생각하는 평가 과정을 통해, 많은 성장을 할 수 있습니다. 준비하다가 떨어져도 됩니다. 준비했다는 것 자체가 중요합니다.

중학생이면 특목자사고인 과학고, 영재학교, 전국단위자사고, 국제고, 외국어고, 예고, 체고 등을 준비하세요. 이 또한 준비 과정을 통해 한층 더 성장할 수 있습니다.

고등학생이면 상위권은 상위권 대학에 합격하기 위한 전략을 세우고 매진해야 하고, 중위권은 자신의 진로와 연결된 학과 중심으로 대학을 가는 것이 바람직합니다. 하위권은 취업에 집중해서 자격증과 취업을 통한 현장 경험을 많이 쌓는 것이 좋습니다.

대학생이 되고, 사회인이 되면, 위 과정과 참 유사하게도 지원동기, 학업 도전 경험, 공동체에 이바지한 부분들을 생각하는 평가 과정을 가집니다. 초, 중, 고를 통해서 위와 같은 과정을 경험한 학생과 아닌 학생의 역량 차이는 상당히 많이 나게 됩니다.

입시에서 성공하는 방법은 내가 선택하고, 도전하며, 작은 성공 경험을 설계해서, 지속되는 힘을 받으면서, 멋진 삶에 대해서 주변과 그려가고, 그 뒤의 햇살에 대한 기대보다는 지금의 의미를 붙잡는 기술이 필요하지 않을까 합니다.

저 역시 많은 연구를 하고, 또 그것을 알리는 고단한 일상을 매일 해나가는 요즘, 우울함과 삶의 무상함도 같이 느끼는 중이지만, 지금을 더 느끼고, 내가 가진 것에 더 감사하고, 내 주변의 사람들에도 한 번 더 감사함을 전해야겠습니다. 신기루를 향해 달려가고 있는 것을 아는 우리 선생님. 어른들이! 지금 웃음 짓고, 지금 이 관계의 진정성이 진짜임을 생각하면서, 제 챕터를 닫고자 합니다.

교육끝판왕 정동완 샘의 최근 연구 기획 출간물입니다. 함께 교육관련 콘텐츠를 개발하고, 특강을 원하는 선생님! 도전을 생각해보신다면, 연락해주세요. 좋은 길이 열리실 거예요. 작은 두드림이, 삶에 어떤 변화를 줄지 아무도 모릅니다.

프랑스 해외파견 교사 합격 방법은?

2

CHAPTER

조매꾸
꿈런쌤
김병수

1. 조매꾸의 시작, 해외파견 교사 슬럼프 극복 방법
2. 조매꾸의 기적, KFC 축구 스포츠 클럽 감독 데뷔
3. 나는 글로벌 교사가 되기로 했다
4. 국경 없는 교육, 교육의 경계를 잇는 조매꾸 크리에이터

꿈터뷰

조매꾸의 시작, 해외파견 교사 슬럼프 극복 방법

　　진흙탕에 빠진 신발이 금빛으로 바뀌었던 그때가 떠오릅니다. 20대 대학시절의 이야기입니다. 라틴 댄스, 그중에서도 살사 댄스를 혹시 아시나요? 문학을 사랑해서 들어갔던 대학, 하지만 온종일 글속에 파묻혀 지낼 것만 같던 상상과는 전혀 다른 삶의 흐름이 펼쳐지고 있었습니다. 연극과 글쓰기, 밴드부 등 나양한 활동들을 했었지만 가장 제 심장을 가장 뛰게 했던건 바로 '춤'이었고 라틴 살사 댄스가 그 주인공이었습니다.

　　살며, 사랑하며, 춤추며. 라틴 살사 댄스 동호회 활동을 시작하면서 춤이란 것을 난생 처음 배울 때의 이야기입니다. 로봇처럼 삐걱거리던 저의 몸뚱아리는 제가 봐도 정말 볼품없었습니다. 그럼에도 불구하고 성실하게 매번 출석하며 수업을 받고 있을 때의 일입니다. 기수 수료식을 하기 위해 파트너 선정을 하는 날이 다가왔습니다. 남녀가 손을 잡고 추는 춤이기에 서로의 호흡이 굉장히 중요했습니다. 그런데 아직도 암울했던 그날의 기억이 선명히 떠오릅니다.

"저 사람이랑은 파트너 안 합니다."

공정함을 위해 제비뽑기 방식으로 진행되었던 파트너 추첨 과정에서 저와 함께하기로 지목되었던 여자분이 내뱉은 말입니다. 상대방은 당시 재즈댄스 학원 강사님이셔서, 함께 춤을 배우는 동기분들 중에서 가장 뛰어난 춤사위를 보여준 회원이었습니다. 살사 댄스는 둘이 함께 추는 춤이고, 남자가 리드를 해야 하는 춤입니다. 저의 파트너는 저를 맘에 들어 하지 않았지만 이미 파트너는 정해진 터라, 어쩔 수 없이 살사 댄스 발표회 수료식은 그대로 진행되었습니다. 약 3주 후 수료식이 열릴 예정이었고 남은 3주 동안 파트너와 함께 연습을 해야 했습니다.

둘이 함께 연습을 해야 했지만, 크나큰 실망감에 사로잡힌 저의 파트너는 연습을 거부했고, 우울하게 혼자 남은 저는, 거울 앞에서 그날부터 무언의 춤사위를 시작하기 시작했습니다. 원하던 일이 뜻대로 되지 않을 때, 다시 멘탈을 부여잡고, 한 걸음 한 걸음 나아가는 일, 회복 탄력성이, 조매꾸 정신이 어쩌면 그때부터 길러졌는지도 모르겠습니다.

조매꾸 - 조금씩 매일 꾸준히

삶의 한가운데 크고 작은 시련과 고난들, 대접받지 못하고 홀대받는 일상에서, 저는 그렇게 묵묵히 뚜벅이마냥 저의 길을 걷기 시작했습니다. 이윽고 수료식이 다가왔습니다. 수료식 당일, 감사한 일이라고 해야 할까요? 저의 파트너는 일찍 와서, 저와 함께 살사 루틴을 맞추기로 했습니다.

타인의 시선에 의식하지 말고, 자신의 삶의 방향으로, 자신이 살아가는 삶의 태도로 그렇게 뚜벅뚜벅 걸어가기. 저는 조매꾸 정신으로 모든 살사 패턴을 외웠고, 그것을 연구했고, 동영상을 보며 수없이 반복해서 저의 첫 쇼타임을 준비했습니다. 저의 파트너는 이미 월등한 실력을 가지고 있었기에, 남자가 리드하는 춤의 특성상, 단 한 번 맞춰보았지만 훌륭한 춤실력을 보여주었습니다. 드디어 대망의 수료식 순간, 연습했던 대로 문제 없이, 아니 좀 더 스릴있고, 화려하게, 무대는 끝이 났습니다.

자신감은 어디에서 나오는 것일까요? 거울과 나누었던 침묵의 대화들, 소리는 없었지만 그 무엇보다도 거세고 컸던 함성들, 그 연습의 과정에서 저는 동작 하나하나에, 표현하는 즐거움을 느끼기 시작했습니다. 그리고 대망의 수료식날, 파트너와 함께 그것들을 쏘아 올렸고, 수료식 MVP 1등을 차지하는 발표에서, 누구도 예상하지 못한 대반전으로 1등을 차지하게 됩니다. 제 파트너는 너무도 기뻐하며 환호했고, 저도 뿌듯함과 격한 뭉클함이 동시에 솟구쳐 올랐습니다.

버려지는 노력은 없다. 평범한 노력은 노력이 아니다.

조매꾸 정신의 꾸준함의 힘으로, 누가 나를 뭐라고 할지라도, 그것에 신경쓰는 것보다는 내 삶의 주인으로 내 갈 길을 묵묵히 걷는 일, 그렇게 저의 첫 살사 파티 공연은 성공적으로 끝이 났습니다. 이후에는 동호회 라틴 살사 댄스 강사로 활동을 하기에 이르렀고, 대학 축제 공연 및 전국 살사 파티의 인싸로 거듭날 수 있었습니다.

표현하는 것의 즐거움, 라틴 댄스를 출 때 무엇이 좋았을까요? 그 어떤 일상의 잔잔한 스트레스조차 생각나지 않는 음악으로의 몰입감, 그리고 그 세계 안에서는 사회적 지위가 무너지고 모두가 춤 안에서 평등한, 새로운 세계가 된다는 사실을 맛보았습니다. 끊을 수 없는 중독성, 그렇게 춤에 모든 걸 쏟아부었던 시간들은 결코 헛됨이 없었습니다.

군대시절, 조교에게 라틴 살사를 알려주며 예쁨받았고, 교직에 들어와서는 학교 축제 때 라틴 살사 댄스 공연을 했습니다. 나아가 해외파견을 갔을 때 교장 선생님 생신 축하파티에서 축하 공연을 했고, 프랑스에 있었을 때 슬럼프를 극복하는 하나의 탈출구가 되었습니다.

프랑스 학교 해외 파견 시절, 체격도, 언어도, 제가 좋아하던 축구도, 뭐 하나 그들에게 당당할 수 없었던 그 초반 시절의, 슬럼프, 해결책이 필요했습니다. 어떻게 이 슬럼프를 극복할 것인가? 결국에 저라는 삶의 과거를 꺼내어보니, '춤'이 바로 그 해결책이 될 수 있겠다는 생각에 다다릅니다. 워낙 파티문화가 잘 자리 잡혀 있는 유럽이어서, 살사 클럽은 정말 많았습니다.

한국과는 다르게 야외에서 수많은 파티도 이루어졌죠. 저는 자존감을 회복하기 위해서 일부러 고급반이 아닌 살사 초급반에 들어가게 됩니다. 프랑스에서 조기 축구회를 할 때도 그랬지만 동양인은 역시 저한 사람뿐이었습니다. 그 안에서 저는 이미 한국에서 갈고 닦은 기량을 마음껏 발휘했습니다. 강사분은 초급회원이었던 저를 단숨에 중급으로 올리시더군요. 스페인, 독일, 프랑스 등 함께 춤을 배웠던 초급 회원들의 저를 부러워하던 눈초리를 아직도 잊을 수가 없습니다. 그렇게 슬럼프 회복의 기폭제가 되어, 저는 다시 긍정의 하루를, 자신감 넘치고 생기있는 하루를 만들어갈 수 있었습니다.

모든 것은 맞닿아 있다는 말처럼, 대학시절 우연하게 배우기 시작했던 '춤'이 저를 지금껏 끌고 오고 있습니다. 글이든, 미술이든, 체육이든, 그 어떤 것으로든 표현하는 사람은 아름답습니다.

음악과 춤이 있는 그리고 문학이 있는 오늘은 사무치게 행복합니다.

좋아하는 것의 꼬리물기. 좋아하는 것을 꾸준히 하기, 그 누구의 시선과 그 누구의 기대가 아닌, 자기 삶의 주인공으로 행복의 지도를 그려 나가기. 조금씩 매일 꾸준히 조매꾸의 시작.

20대 제 삶의 8할은 춤이었습니다.

조매꾸의 기적, KFC 축구 스포츠 클럽 감독 데뷔

선생님! 축구 클럽 좀 맡아주셔요.

국어를 가르치던 저에게 아이들이 달려왔습니다. 점심시간에 축구를 한 번 했는데, 그 뒤로 아이들이 쉬는 시간마다 쫓아왔습니다. 축구에 전문 지식도 없고 축구 스포츠 클럽을 지도해본 경험도 없지만 아이들의 순수한 열정에 흠뻑 빠져 있었더 때라 결국 축구 스포츠 클럽을 맡게 되었습니다. 아이들은 한 번도 대회에 나간 적도 없었고 시골의 작은 학교여서 다른 학교랑 경기를 하기도 쉽지 않았습니다. 하지만 저도 그렇고 아이들도 그렇구 순수한 열정은 활화산 같았기에 행복의 여정은 그렇게 시작되었습니다.

가장 처음으로 한 일은 작년 대회 우승팀을 초청해서 대결을 해보는 거였습니다. 그런데 예상은 했지만, 생각보다 심각했습니다. 무려 7:0이란 스코어로 박살이 나게 됩니다.

리더란, 지도자란, 이런 경우 어떻게 해야 할까요? 상처입은 아이들과, 응원나온 같은 학교 친구들의 원망, 아는 것과 문제를 푸는 것은 다르듯이, 열정의 강도와 결과값은 전혀 상관이 없었습니다.

결국 다시 조매꾸, 조금씩 매일 꾸준히 아름다운 성을 쌓아 올리기 시작했습니다.

축구 일지를 쓰기 시작했고 아이들을 촬영하기 시작했습니다. 연습 시간을 늘렸으며 모범적인 학교생활을 하지 않으면 과감히 주전 명단에서 빼는 등 축구 지도자의 첫 걸음을 시작했습니다. 언제나 아이들 생각이었고, 아이들에게 월드컵과도 같은 이 여정에서 승리라는, 우승이라는 멋진 행복을 함께 만들고 또 선물해주고 싶었습니다. 아이들에게 클럽 이름을 만들어보라고 했더니 KFC, 제 이름을 인용한 김병수 축구 클럽이라는 팀이 탄생했습니다.

매일 반복되는 연습, 그럼에도 불구하고 아이들은 미친 열정으로 최선을 다했고, 반복되는 일의 힘이 얼마나 강한지, 아이들은 점점 그 실력을 보여주기 시작했습니다. 당시 나갈 수 있는 지역 대회에 신청을 하고, 아이들과 함께 주말이면 테스트 겸 대회에 나가서 기량 점검도 해보고 포메이션 변화, 전술상의, 연습 방법 개선 등 다양한 방법을 시도했습니다.

그리고 처음에 패배했던 그 팀과 다시 한 번 시합 날짜를 잡았습니다. 상대방 팀에서는 이미 압도적으로 우리팀을 이긴 전적이 있기에 학생들과 선생님들까지 다 동원해서 경기를 관전하게 했습니다. 그런데, 이게 웬일일까요? 순수함에 열정 그리고 전략이 더해지면 폭발하는 법, 아이들은 폭발하기 시작했습니다. 2:1로 승리를 했고, 파죽지세로 안성시 축구 스포츠클럽 대회 우승, 나아가 경기도 스포츠클럽 대회까지 우승하게 되는 엄청난 기적을 보여주었습니다.

조매꾸의 기적, 한 사람의 노력이 아닌 모두가 조매꾸를 넘어서 조매꾼이 되었기에 가능한 일이었습니다.

지역신문에 기사도 나고, 아이들은 학교에서, 지역에서 영웅이 되었습니다. 실패에 쉽게 좌절하지 않기, 실패를 했으면 철저하게 원인을 분석하기, 그리고 다음 스텝으로 나갈 수 있도록 올바른 방법을 설계하기, 노력은 기본이고, 팀워크에 대한 배려와 함께 이 모든 것은 아이들과 함께 이뤄낸 작품이었습니다.

경기도 대표팀이 되어 전국대회까지 나가서 아이들과 함께 나누었던 시간들은 몰입의 행복을 느끼게 해준, 교직 인생의 가장 아름다웠던 장면입니다. 대가를 바라지 않고 뛰어들었기에, 보람도 컸고 마음을 먹으면 그 무엇이든 할 수 있다는 과정과 결과를 아이들과 함께 나눈 스토리였기에 아직도 그때를 생각하면 가슴이 벅차오릅니다. 좋아하는 것의 꼬리 물기, 라틴 댄스를 좋아하던 청년에서 축구에 몰입했던 사회 초년생, 그리고 더 나아가 축구와 글쓰기를 접목해서 좋아하는 것을 확장해 축구 명예기자에 도전하게 됩니다.

교사가 되었다고 교사에 안주하는 게 아닌, 새로운 나를 발견하는 일, 바로 교직에서 가능한 일이었습니다. 축구 명예기자를 하면서 주말마다 축구장에 가서 취재를 하고 기사를 쓰고, 어떻게 인터넷 기사가 나오는지, 어떤 전술 변화가 있는지, 축구 산업은 어떻게 돌아가고 있는지, 새로운 세상을 맞이한 순간이었습니다.

장내 아나운서부터, 축구 선수, 해설위원, 리포터 등 다양한 분들을 인터뷰하고 또 관중들 및 각 구단의 특징을 파악해서 신속하게 기사로 작성하는 일은, 즐거움의 행진이었고, 글쓰기와 축구를 동시에 잡으며 축덕의 행복을, 세상 또 하나의 즐거움을 발견한 순간이었습니다. 열기, 그 뜨거운 열기. 일상의 잔잔함 속에서 하루하루를 살아가다가 폭발하는 젊음과 폭발하는 환호를 얻고 싶을 때 찾는 곳, 바로 축구장의 그 함성과 메아리, 응원가들. 전투적인 그 분위기에 잔뜩 취해, 해외 학교로 파견 갔을 때도 아이들에게 축구 응원가를 알려줬던 행복한 기억이 있습니다. 스포츠는 전 세계 만국 공통언어입니다.

축구 기자를 했던 그때, 살아있는 저를 발견했던, 또 하나의 부캐를 탄생시켰던, 그리고 내가 뭘 할 때 행복한지 분명히 알게 해주었던 그때, 그리고 그 모든 것의 시작은 축구 스포츠클럽이었다는 것, 프랑스 학교에 파견을 갔을 때도 프랑스 체육 선생님과 함께 프랑스의 축구 문화에 대해 탐색했던 시절이 있었는데, 한 가지 중요한 점은 무언가를 할 때 반드시 밀도를 높이고 몰입해야 한다는 사실을 깨달았습니다. 그리고 모든 것을 다 가질 수는 없다는 점. 결과를 위해서 포기할 건 포기하고 삶의 밀도를 응축해야지만 원하는 꿈에 한 걸음 다가갈 수 있다는 것도 느꼈습니다.

축구의 나라 프랑스로 해외 파견교사를 갔을 때 천연잔디에서 클럽하우스에서 축구를 하면서 KFC 학생들이 항상 생각났습니다. 마침 몇몇 학생들이 군대가기 전 유럽여행으로 프랑스에 놀러왔고 저희 집에 머물면서 함께 축구도 하는 추억도 남겼습니다. 조매꾸의 기적을 함께했던 아름다운 동행자들.

그때, 교직 초반 제 인생의 8할은 축구였습니다.

나는 글로벌 교사가 되기로 했다

라틴 살사댄서, 축구 기자, 다음은 무엇일까요? 교사가 된 그 이후 반복되는 하루를 살기 싫었던 그때, 저는 해외학교에 근무해보고 싶다는 목표를 갖게 되었습니다. 수업이 아닌 행정업무에 치이던 시절, 해외학교의 모습은 어떨까? 학생과 학부모, 그리고 교사들, 또 어떤 교육과정으로 어떤 방향으로 학교 교육이 이루어지는지, 더 큰 세계에 풍덩 뛰어들고 싶었습니다. 설렘이 있는 하루로 내 자신을 초대하고 더 넓은 세상에서 자녀들과 함께 그 무엇이든 경험해보고 싶었습니다. 돈으로 환산할 수 없는 경험의 가치를 알기 때문입니다. 단 한 번뿐인 인생, 후회 없는 인생을 위한 해외파견 교사 도전은 그렇게 시작되었습니다.

당시 도움 받을 곳도 없고 주변에 아무도 파견교사 경험있는 분이 계시지 않아서, 맨땅에 헤딩한단 생각으로 혼자서 묵묵히 준비했던 시절이 있었습니다. 일단 대학원부터 한국어교육학과에 입학해서 외국인들에게 한국어를 가르칠 수 있는 자격을 취득하고, 파견 공고문을 철저히 분석하며 매일 매일 해외 파견이란 꿈을 꾸며 몰입하기 시작했습니다.

왜? 왜 떠나야 했을까요? 왜 떠나기로 결심했을까요? 주변에선 부모하다고 또는 고학력이 아니면 안 된다고, 전국의 실력자들이 너무 많다고, 힘들다고, 겁주는 말도 많이 했지만 저의 하루하루는 설렘으로 빛나고 있었습니다. 도전하는 인생! 목표를 정하고 매진하는 인생의 삶의 태도였기에 무조건 최선을 다해서 도전해보기, 대신 도전하는 그 기간만큼은 철저하게 그것에 집중했습니다.

조매꾸(조금씩 매일 꾸준히)-조매꾼(조금씩 매일 열심히 하는 장인)에서 이제는 조매꿈(조금씩 매일 꿈을 꿈)으로 꿈꾸는 하루를 살기 시작했습니다.

마침내 다문화지원대상국가와의 파견시험에 합격해서 단기 파견을 다녀올 수 있었습니다. 당시 면접에 떨어질 위기를 직감해서 면접 전 한복 대여점에서 한복을 빌려입고 태연스럽게 면접에 임했던 그때가 떠오릅니다. 외국의 생활은 분명 한국과 너무 많이 달랐고 교육 시스템, 근무 시스템, 생활적인 부분까지 파견 가기 전에는 생각하지 못했던 어려움들이 강풍에 흩날리는 낙엽처럼 우수수 떨어졌습니다. 그럼에도 불구하고 해외 파견이란 특별한 경험은 다문화를 이해하고 세계시민교육에 관심을 갖게 했으며, 그전까지 좁은 시야에서 바라봤던 세계를, 우리 나라를, 새로운 시각에서 망원경과 현미경으로 깊숙이 바라볼 수 있게 해준 계기가 되었습니다.

단기 파견 이후 프랑스로 장기 파견에 도전했을 때 과연 전국에서 해당 과목 1명을 뽑는 그 시험에서 내가 뽑힐 수 있을까?라는 의구심도 있었지만 결국 몰입하고 또 몰입하고 전략까지 잘 짠 덕분에 프랑스 행운의 열차를 탈 수 있게 되었습니다. 전국 최초 프랑스 학교 파견교사,

그렇게 저의 인생 3막은 시작되었습니다. 라틴 살사댄서, 축구 기자, 이제 해외 파견교사, 하지만 그 모든 것들은 떨어져 있는 것들이 아니라 다 맞닿아 있었습니다. 우연한 행운의 연결고리들, 조매꾸 정신으로 뚜벅뚜벅 묵묵히 하루하루를 걷고 있었습니다. 프랑스 학교는 정말 충격과 충격의 연속이었기에 한국에 있는 선생님들과 학생들, 그리고 학부모들이 매일 생각났습니다. 똑같은 하루를 살고 있지만, 똑같은 직업을 가지고 있지만 너무도 다르게 살아가고 있구나를 체감하며, 교육의 목표와 교육의 태도, 교육의 방법 등을 깊이 있게 생각해본 시간들이었습니다.

어떻게 사는 것이 잘 사는 것일까? 어떻게 인생의 아름다운 직선과 곡선의 균형을 맞춰 나갈까? 어떤 교사로 어떤 직업으로, 인식의 틀을 전환하고 온 세계를 자연스럽게 품에 안을 수 있는 방법은 무엇일까? 아주 기초적인 자유와 평등에 대해서, 박애정신에 대해서 철학에 대해서 생각해보게 되었습니다.

그리고 한국교육과 프랑스 교육의 너무도 다른 차이점들을 보면서 처음으로 진지하게 '교육'이란 것에 대해서 생각해보기 시작했습니다. 글로벌 인재를 키우기 위해서는 교사부터 글로벌 역량을 갖추어야 합니다. 세계를 관통하는 교육적 시선을 갖기 위해서는 이제 더 이상, 국내에 한정된 시스템이 아닌 전 세계를 통용할 수 있는 교육의 시스템과 교육 방법을 현장에서 직접 부딪히고 경험하며 찾아봐야 합니다.

공교육이 할 수 있는 역할과 책임에 대해서 더욱더 깊이 있게 모색해보는 시간이었습니다. 이제 더 이상 자주 바뀌는 교육정책이 아닌 국가적 상황과 문화적 상황을 고려한 뚝심있는 대한민국의 교육 방향을 끌고 나갔으면 합니다.

너무도 부러웠던 프랑스 교육 시스템, 하지만 치명적인 단점들을 프랑스 학교 근무를 하며 프랑스 생활을 하며 뼈져리게 느끼고 왔습니다. 업무 분장이 없고 방학이 5번이나 되며 출퇴근시간이 없고, 교무실이 없는 프랑스 학교, 수업에 집중하는 프랑스 교사들, 개인주의의 끝을 보았던 프랑스 문화, 차가워도 너무도 차가웠던, 그리고 무한의 자유가 주는 일탈들에 대해 다시 한 번 곰곰이 생각해보는 계기가 되었습니다.

교직에 있으면서 어떤 방향으로 어떤 진로로 가야 할지 고민하고 계신 분이 있다면 저는 강력하게 해외파견 교사를 추천하고 싶습니다.

떠나세요.
한 번뿐인 인생, 다시 돌아오지 않을 바로 오늘을 뜨겁게 살고 싶으신 분
설렘으로 가득찬 금빛나는 하루를 만들고 싶으신 분
자녀에게 깊고 넓은 무한한 경험의 세계를 경험시켜 주고 싶으신 분
해외파견 교사는 그 열쇠가 될 수 있습니다.

매일 똑같이 반복되었던 삶으로부터 꿈꾸는 하루를 선물해주었던 그때.

교직 중반, 그 시절 제 인생의 8할은 해외파견이었습니다.

이제 궁금해 하시는 분들을 위해 해외파견시험에 합격했던 저의

합격 노하우를 알려드립니다. 정답은 아닐지라도 누군가에게 꼭 도움이 되었으면 합니다.

해외 파견교사 합격 방법

저는 필리핀, 프랑스 해외파견 2회를 합격했습니다. 왜 내가 선발되어야 할까? 나는 아름답게 그리고 자연스럽게 상대방을, 면접관을 설득할 수 있을까? 어떻게 상대를 스며들게 할 수 있을까?

타인의 마음을 얻기 위해선 진실성과 전략이 필요하며, 아는 것과 문제를 푸는 것이 다르듯이 해외파견 사업 목적에 맞게 전략을 짜는 것이 중요합니다.

가장 먼저 유념해야 할 방법은 자기소개서를 쓸 때 자유롭게 쓰는 것이 아닌 일반적으로 나와 있는 평가 요소 5가지 영역에 어울리게 작성해야 한다는 것입니다. 그리고 이 안에 반드시 자신만의 스토리가 자연스럽게 물들어 있어야 합니다. 해당국과 한국의 역사적, 문화적 상황을 본인의 경험과 어떻게 연결시킬지 준비해야 합니다.

파견의 목적과 평가 요소 정확히 파악하기

저는 자신의 주특기, 그리고 멀티플레이어 능력 등 전문성을 강조했으며, 파견의 핵심 목표 및 뚜렷한 교육철학을 밝혔습니다. 본인의 강점과 약점을 말할 때는 반드시 구체적인 예를 들어 써야 합니다. 저의 경우에 장점은 적응력과 수업 전문성, 리더십 그리고 약점은 미술로 적었습니다. 이러한 주장에 대해 뒷받침하는 근거는 자신의 삶을 통찰

해보면 누구나 쓰실 수 있을 것이라 생각합니다.

교과학습지도방안을 말할 때 반드시 파견 사업의 목적과 연관짓는 지원서 작성이 되어야 하며 이 모든 것은 최종 면접까지 이어진다는 것을 명심해야 합니다. 소속 기관장 추천서 항목도 본인이 미리 생각한 후 작성해 놓으신 후 관리자와 충분히 상의 후에 최종 제출하시면 됩니다.

소속 기관장 추천서 항목에는 교육활동, 업무추진, 조직 기여도, 교직원 인화가 있습니다. 해외 파견을 꿈꾼다면 먼저 전제되어야 할 점이 있습니다. 그것은 바로 학교일에 최선을 다해야 한다는 것입니다.

또한 모든 사람과의 인간관계에 있어서 모두를 좋아할 순 없지만 원하는 결과를 얻기 위한 아름다운 노력을 해야 합니다. 최종 실사 단계에서 직접 학교에 방문해 본인의 업무 능력, 대인관계 능력 등 종합적인 심사가 중요하기에 모든 직원들, 교사가 아닌 행정실직원 등 모두에게 친절과 배려를 베푸셔야 합니다.

평범한 노력은 노력이 아니다. 하지만 버려지는 노력은 없다. 조금씩 매일 꾸준히, '조매꾸' 박수 받으며 축하 파티 받으며 해외파견지로 떠날 수 있도록 평상시 미리미리 준비해야 합니다.

그럼 일반적으로 어떠한 평가요소가 있는지 정확히 알아봅시다. 교육부 파견의 경우 대체로 변하지 않는 평가 요소가 있으며 그것은 다음과 같습니다.

공직적격성 공무원으로서의 기본자세 및 봉사 정신, 적극적 업무 추진

전문성 파견 국가의 특성 이해, 교육전문성(학생상담, 교육기획 등), 교육행정력, 교육분야 국제교류협력, 재외동포 교육정책에 대한 이해 및 준비

인성 선한 품성 및 대인관계 역량, 타인에 대한 존중 및 배려 등

국제성 글로벌 마인드 및 스탠다드 구비 정도, 적절한 해당국 언어표현 능력 등

리더십 관계, 갈등 관리 역량, 문제 해결, 봉사역량, 대외협력, 개척역량 등

부족하지만 제가 준비했던 것들을 적어봅니다.

❶ 공직적격성

저는 이 항목에서 봉사정신과 적극적 업무추진의 사례로 다음과 같은 것들을 준비했습니다.

제1회 국제살사코리아 콩그레스 자원봉사자로 활동, 전국국제영화제 우수자원봉사자로 선정(자원봉사 영역), 국어교사로 축구 스포츠클럽 시대회 우승 및 도대회 우승 지도교사, 지역신문보도

다양한 업무 경험으로는 그동안 해왔던 학년부장, 안전생활부, 연구부, 교육과정부, 정보부, 스포츠클럽 축구, 배드민턴 등 다양한 업무를 성실히 수행했음을 강조했습니다.

❷ 전문성

전문성은 주특기에 해당하는 부분으로 무엇보다 가장 본질적이며 중요한 요소입니다. 이와 같은 영역에서 저는 다음과 같은 것들을 준비했습니다.

국어국문학과, 국어교육학과, 한국어교육학과를 졸업한 것으로 국어와 한국어에 대한 전문성 증명.

대학원을 교과가 국어지만 국어교육이 아닌 한국어교육학과로 진학한 후 한국어교원 2급 자격증 취득, 해외에 나가면 누구나 교육 외교관이 됩니다. 한국어 교원 자격증은 현재뿐 아니라 퇴직 후 그리고 국내외 어느 곳에서도 유용할 거라 생각해서 한국어교원 자격증을 취득했습니다.

한국어 강사로 활동하면서 주말에 한국어교육을 하는 지역 다문화센터 한국어 강사 시험에 합격한 후 주말 토요일 오전, 오후 8시간 정도 낮에는 다문화 부녀자들, 그리고 오후에는 근로자들에게 한국어 교육을 실시했습니다. 이때 점심시간은 30분 정도였고 중간에 장소를 이동해야 해서 힘들었던 기억이 있습니다. 그럼에도 불구하고 해외파견이라는 설렘 가득한 목표가 있었기에 감사한 마음으로 경험도 쌓고 이력도 쌓기 위해서 열심히 했습니다.

한국어 강사로 한국어 교육에 대한 경험을 쌓았지만 더불어 국어과의 가장 기본이 되는 글쓰기 능력을 주특기로 신장시키기 위해, 프로 축구 스포츠 구단 명예 기자 시험에 합격해서 주말마다 축구 명예

기자로 활동했습니다. 한 경기를 보면서 신속하고 정확하게 4가지 정도 기사를 작성하는 능력을 키울 수 있었고 기사가 언론에 보도되는 과정과 이후 사람들의 반응을 살펴보는 경험을 했다는 것 또한 지원서에 적었습니다.

그리고 시인으로 등단해서 문인협회 활동 및 좋은 생각 등 잘 알려진 곳에 글을 게재했습니다. 국어 교사로 문학적인 글과 비문학적인 글을 동시에 작성할 수 있다는 능력을 어필할 수 있었습니다. 이 밖에도 연극연구회, 다문화 연구회 등 교과와 다문화관련 연구회 활동을 하였고 교사들이 쓰는 나이스 수상탭에 공식적으로 기록되는 다양한 글쓰기, 교과관련 수상들도 주특기 능력을 뒷받침할 수 있었습니다.

창의경영학교 교사수기 공모전 한국교육개발원장상
경기도 독서논술 우수지도교사 표창
스승존경 제자사랑 전국교단수기 은상
대통령기 국민독서경진대회 수상
전국 백일장 일반부 수상
사이버가정학습 학력향상 자료 편찬위원 위촉 및 표창
토론대회 평가위원 위촉

위와 같은 활동들은 지원서를 작성할 때 신뢰감을 줄 수 있는 큰 도움이 되었습니다. 해외파견을 준비하는 분이라면 평가요소에 맞는 경력과 스토리를 쌓으시는 게 큰 도움이 됩니다. 그리고 아무리 활동을 많이 했다 하더라도 자신의 이력서와도 같은 나이스에 등재된 것이 없다면 상대를 설득하기에 쉽지 않을 수 있습니다. 따라서 해외파견 교사를 꿈꾸는 분들은 이러한 자신의 주특기 항목은 무엇보다 우선하여 준비하는 것을 추천드립니다.

외부강의 활동 경험 역시 지원서와 면접 때 도움이 되었는데 해당 강의 주제가 중요합니다. 저는 전북 해나루 가족호텔에서 장학사 등 관리자 300분을 대상으로 '즐겁게 수업하는 방법' 교육력제도 선도학교 초청강의 역시 '즐겁게 수업하는 방법'으로 수업에 전문성 및 자신감이 있음을 지원서에 녹여냈습니다.

해외파견은 주특기뿐만 아니라 멀티플레이어로 다양한 능력을 요구합니다. 특히 방과후 활동 능력 역시 중요합니다.

이 부분에서 저는 KPOP댄스, 글쓰기, 축구, 시 낭송, 연극 등 다양한 방과 후 활동을 할 수 있음을 써냈고 라틴살사댄스 강사로 활동시 VJ세상속으로에 방영되는 등 실제 사례를 들어 지원서에 녹여냈습니다.

이 밖에도 논술지도사, 학교폭력상담사, 레크레이션 1급, 리더십지도사 1급, 웃음치료사 1급, 한국사능력검정시험 3급 등 다양한 자격증으로 해외파견에 있어서 어떤 업무가 주어지더라도 처리할 수 있는 능력이 있음을 어필했습니다.

❸ 인성

인성 또한 어떻게 내가 인성이 좋다는 것을 입증할 수 있을지 준비해야 합니다. 이 부분은 먼저 학생들과 함께 했던 프로젝트들을 사례로 들었습니다.

교실에서 찾은 희망 전국 UCC 대회에서 우수 학급 선정, 그리고 제가 해외파견 시험을 본 2017년도에는 교원평가 내용을 제출해야 했는데 학생, 학부모, 교원들에게 우수한 평가를 받은 것도 도움이 되었습니다. 학교 내에서 친목회를 담당했으며 학교문화 혁신부분 표창, 스승존경 제자사랑 행복한 학교문화 조성 관련 표창을 받은 것도 도움이 되었습니다.

가장 중요한 건 역시 현장 실사입니다. 최종 해외파견 대상자에 선정이 되었을 때 동료들이, 관리자가 또 행정실 직원들의 의견이 정말 중요한데 이 부분은 자신있었던 게 당시 학교에서 모두와 평화롭고 행복하게 잘 지냈기 때문입니다.

누구와도 적이 되지 않는 법, 따뜻한 멘탈로 사람들을 포용하는 지혜는 비단 해외파견시험 준비과정뿐 아닌 실제 해외파견을 갔을 때도 중요한 항목입니다.

❹ 국제성

글로벌 마인드와 언어표현 능력이 중요시되는 부분입니다. 일단 가장 기본적으로 해외파견 원서접수를 하려면 공인된 언어 능력 시험 결과를 제출해야 합니다. 매일 아침 일찍 학교에 출근해서 도서관에서 영어단어를 외웠던 그때가 떠오릅니다. 영어 공인 어학점수는 필수이기에 반드시 준비해놓으셔야 합니다. 그리고 저 같은 경우 프랑스 해외파견 공고가 난 바로 그때부터 프랑스어 공부를 시작했습니다. 필리핀에서는 영어로 수업을 하고 프랑스에서는 프랑스어로 수업을 했는데, 면접에서 프랑스어 면접이 있을 거란 걸 예상했기 때문입니다.

버려지는 노력은 없고, 평범한 노력은 노력이 아니기에, 매일 프랑스어와 사투를 벌였던 그때가 생각이 납니다. 국제성을 입증하기 위해서는 해외 파견국가와 자신의 스토리를 잘 연결시켜야 합니다.

저의 경우에는 대학생 때 유럽으로 한 달간 배낭여행간 경험, 그리고 교직에 들어오고 나서도 프랑스를 여행하며 보고 느낀 문화적, 역사적 경험들을 연결시켰습니다. 이미 프랑스라는 나라에 대해서 친숙하며 프랑스뿐만 아니라 글로벌 마인드를 가지고 있다는 것을 알렸습니다. 앞에서 공직적격성 부분에서 언급한 국제살사코리아 자원봉사자, 국제영화제 자원봉사자 등 국제 행사에서 다양한 활동을 했다는 것, 우수 자원봉사자로 선정되었다는 것을 어필했습니다.

그리고 여기에 유네스코 아시아태평양국제이해교육원 다문화지원 대상국가 해외파견 경험이 이미 있어서, 해외파견을 다시 가더라도 적응을 잘 할 수 있음을 말씀드렸습니다. 마닐라 교육청에서 발표했던 경험 등 국제적인 회의에 있어서도 잘 해낼 수 있음을 드러냈습니다.

❺ 리더십

해외학교로 파견을 가면 자신의 삶의 리더, 자기 가족의 리더, 그리고 학교에서 학생들과 함께 공동 리더가 되어 역할을 하는 것이 참 중요합니다. 리더십 부분에서는 스포츠클럽 도대회 우승한 경력과 관련 학생 자율체육활동 활성화 표창, 훈육지도자 자격증 보유 및 한국스카우트연맹에서 관련 교육을 받았으며 학교외 지역사회에서도 풋살 동호회 회장을 하고 있음을 지원서에 써냈습니다.

위에 써놓은 항목을 모두 다 완벽하게 쓴다면 얼마나 좋을까요? 하지만 중요한 것은 실력과 진실성입니다.

결국, 조매꾸 정신으로 조매꾼이 되고 조매꿈까지 이른 3단계 조매꾸 성공법칙은 희망의 날개를 펼쳐주었습니다.

해외파견은 교직이 주는 최고의 선물이라고 생각합니다. 다른 나라의 교육을 경험하고 이해하며 직접 부딪혀보고 다문화와 세계시민에 대해 더 깊이 생각해볼 수 있는 소중한 기회입니다. 한층 더 성장할 수 있고 글로벌 마인드를 장착해 올 수 있으며 그것들을 한국으로 복귀 후 학생들에게 교사, 학부모들에게 나눌 수 있습니다.

언제가 될지 모르지만 미리 기본적인 조건들을 하나하나 채워가기, 교육경력과 어학, 한국사 자격증 같은 아주 기본에서부터 평가요소에 해당하는 것들을 준비하는 것이 필요합니다.

파견시기를 미리 추측하고 연애하듯이 수시로 파견소식 및 관심국가의 정세를 살며 해당 학교의 우대조건을 파악하여 미리미리 대비해야 합니다. 해외파견 교사의 모든 것은 면접 예상문제 184문제를 포함해 프랑스 교육, 프랑스 문화 및 해외 파견교사 준비하는 방법을 자세히 써 놓은 '프랑스 학교에는 교무실이 없다'에 잘 나와있으니 참고하시기 바랍니다. 추가로 해외파견 정보를 얻을 수 있는 사이트도 첨부합니다.

참고사이트

<APCEIU 접속 아시아태평양국제이해교육원-공지사항-검색어에 '파견'입력>

<국립국제교육원 접속 - 국제교육교류-교원해외파견(ODA)사업>

<국립국제교육원 접속- 교육원알림-공지사항-검색어에 '파견' 입력>

<국립국제교육원 NIIED 유튜브 채널>

<국립국제교육원 교원해외파견사업 공식 블로그>

<교육부 접속- 교육부소식-인사알림-채용공고-검색어에 '파견' 입력>

<월드프렌즈코리아 공식 블로그- WFK 해외봉사프로그램-검색어에 '파견' 입력>

<WFK KOICA 해외봉사단 유튜브 채널>

<재외교육기관포털 사이트>

<재외국민교육기관 교사 네이버 카페>

<해외교사진출사업(해교진)-네이버 카페>

<한국어교원양성과정 – 네이버 카페>

<교육부 블로그>

국경 없는 교육, 교육의 경계를 잇는 조매꾸 크리에이터

라틴살사댄스 강사, 축구 기자, 해외학교 2회 파견교사, 다음 스텝은 바로 아빠모임입니다. 프랑스 학교에서 근무하며 프랑스에서 3년간을 살면서 느낀 건 바로 가족의 소중함을 느꼈습니다. 개인주의 사회지만 가족중심의 문화, 길어봐야 20년 자녀와 함께할 수 있는 시간들, 그 시간들 속에 인생 최초인 아빠라는 후회를 줄이고 싶었습니다. 한국으로 돌아온 아이들에게 아빠가 해줄 수 있는 건 무엇이 있을까? 아이들에게 다양한 경험을 할 수 있게 해주려면 어떻게 해야 할까? 고민 속에 혼자만이 아닌, 함께 크는 건강한 신체와 건강한 마음의 조화를 이루는 지덕체를 갖춘 아이로 키울 수 있는 방법을 찾아봤습니다.

개인에게 한정된 시간과 능력, 그런데 이 시간들과 능력들을 모을 수 있다면?

바로 이런 이유로 지역 마을 교육 공동체를 만들게 되었습니다. 그리고 이어서 교사와 기업가들의 협업모임인 진로모임도 만들었습니다. 교사는 실제 기업가들에게 실제 현장의 살아 있는 이야기를 듣고 기업가들은 학교 현장의 교육 이야기를 들을 수 있는 함께 성장하는 모임입니다.

다음 단계는 바로 크리에이터입니다. 프랑스에서 한국에 들어온 후 한국 교육의 가장 큰 장점인 에듀테크 그리고 생산자가 되는 패러다임의 전환 시대를 맞이했습니다. 더 이상 소비자가 아닌 생산자로 살아가야 시대의 교육자로 살아남을 수 있다는 것을 실감하게 되었죠. 그때부터 시작되었습니다. 바로 조매꾸의 파워, 조금씩 매일 꾸준히(조매꾸)의 루틴은 시작되었습니다.

아주 작은 습관의 힘과 몰입의 힘을 믿고 있었기에 처음 목표는 유튜브 구독자 1년 안에 천 명 만들기였습니다. 확실한 목표 설정, 채널 이름은 건강한 신체와 건강한 마음의 조화인 '지덕체로'로 정했고 기본 밑바탕 정신은 조매꾸로 정했습니다. 매일 매일 생산자 프로젝트를 시작했습니다. 단, 언제나 그렇듯 좋아하는 일의 꼬리물기로, 이 일로 절대 스트레스를 받거나 큰 대가를 바라는게 아닌 일상의 루틴으로 그렇게 하루하루 시작해 나갔습니다. 가장 처음에는 복싱을 배우면서 복싱 1일차, 2일차 이렇게 날짜별 영상을 기록하는 것으로 시작했습니다. 그런데 1일차 영상이 뜨게 되면서 복싱 관장님이 좋아하시는 모습을 보니 더욱더 힘이 나서 생산자 놀이에 박차를 가했습니다.

하지만 아쉽게도 부상으로 인해 복싱을 계속하지 못하게 되고 주변을 관찰하고 저 자신을 탐색하며 어떤 컨텐츠로 채널을 유지하고 또 성장시킬 수 있을지를 고민했습니다. 결국 다양한 시도 끝에 교과 관련 컨텐츠를 메인으로 하고 제가 좋아하는 것들을 함께 녹여내기 시작했습니다. 1년 목표가 구독자 1,000명이었지만 철저한 전략과 분석, 그리고 타깃층 설정 및 좋아하는 것을 꾸준히 하는 지속성으로 인해 연말이 되니 어느덧 3만명이 넘게 되었습니다.

공익성과 지속성, 그리고 즐거움 이 세 마리의 토끼를 한꺼번에 잡을 수 있었습니다.

물론 훨씬 많은 구독자를 가진 대형 유튜버에 비하면 아주 보잘 것 없게 느껴질 수 있지만, 저는 조금씩 매일 꾸준히 했던 조매꾸의 강력한 힘을 발견하게 되었습니다. 그리고 가장 중요한 건 무엇보다도 철저한 자기 분석, 그리고 자신이 원하는 것과 대중이 원하는 것의 교집합을 찾아내는 것, 결국 이 시대에서 필요한건 이러한 트렌드를 읽는 능력, 더불어 자신의 자아를 잃지 않는 방법입니다. 자신의 색깔을 확실히 드러내면서 시대의 흐름에 올라타기, 다른 것에 휙휙 흔들리고 쓰러지는 것이 아닌 자신만의 퍼스널 컬러를 드러내기, 그리고 무엇보다 몰입해야 한다는 점이었습니다.

어떤 희소성이 있을까요? 어떤 희소성으로 어떻게 상대방의 마음을 끌어당길 수 있을까요? 조매꾸 정신으로 현재 조매꾸 미라클 모닝방, 조매꾸 운동인증방, 조매꾸 러닝 클럽, 조매꾸 산타크루, 조매꾸 생산자 프로젝트, 조매꾸 책쓰기 프로젝트, 조매꾸 진로모임 등 7가지 조매꾸 방을 운영하며 느낀 한 가지는 세상에는 의외로 허수가 많다는 겁니다.

내가 최선을 다하려고 하는 분야에서 물론 열심히 노력하는 분들도 많이 있지만 몰입하지 않고 밀도를 높이지 않고 다른 것에 고개를 돌리는, 지금 하고 있는 것들을 다 하면서 다른 것도 하려고 하는 허수도 많다는 사실을 깨닫게 되었습니다.

독을 차고, 꾸준히 할 것, 나 자신과 타협하지 말고 타인에게 관대

할 것, 그리고 꾸준함의 힘을 믿을 것. 조매꾸의 기본 정신입니다.

현재는 인식의 틀을 더 넓히고 책을 쓰며 작가로 데뷔하고 더불어 지금 이 책에 있는 세상 멋진분들을 꿈터뷰하며 촬영의 즐거움, 고수에게 듣는 찐 성공 스토리를 들으며 새로운 길을 만들어가는 중입니다. 세상에는 배울게 정말 많고 따뜻한 마음으로 자신의 모든 노하우를 알려주시는 따뜻하고 순수한 분들이 많다는 것을 매일 매일 깨닫습니다. 우리의 하루하루는 모두 글감이 되고 하루하루는 모두 컨텐츠가 됩니다. 우리의 흩날리는 감정들은 모두 금빛나는 컨텐츠가 됩니다. 글과 영상 그리고 음악도 만들며 소중한 감정의 실타래들을 컨텐츠들로 만들어나가고 있습니다.

그리고 나아가 국경 없는 교육, 국경 없는 교사, 실제 오프라인 학교가 아닌 저의 교육철학을 담은 온라인 학교 꿈RUN스쿨을 만들었습니다. 기본이 중시되는 교육, 지덕체의 조화를 갖춘 조매꾸 화랑도를 육성하기, 글로벌 인재를 양성하는 프로젝트로 전국의 멋진 아이들과 함께하고 있습니다. 매일 아침 함께 미라클 모닝을 하고, 스터디 플래너를 쓰며 독서록을 인증하고 러닝도 매주 인증합니다. 체력이 뒷받침되고 글로벌 마인드를 장착한, 건강한 신체와 건강한 정신이 조화를 이룬 지덕체의 균형을 갖춘 삶의 리더로 성장하여 글로벌 인재로 자랄 수 있도록 꿈런스쿨 아이들은 저와 함께 매일 희망찬 하루를 살아가고 있습니다.

학교라는 틀을 깨고 삶 안에서 교육하기

교육의 경계를 허물기, 국경 없는 교사가 되어, 조매꾸 크리에이터가 되어 설렘 가득한 하루하루를 살아가고 있습니다.

꿈RUN쌤 - 꿈꾸고 배우며 달리는 쌤

조매꾸 - 조금씩 매일 꾸준히

조매꿈 - 조금씩 매일 꿈을 꿉니다. 그리고 함께 성장합니다.

현재 제 인생의 8할은 조매꾸 크리에이터입니다.

N잡으로
내 안의

N자아와
만나다

3

e미남쌤
김수현

1. 문과 출신 아날로그 인간에서 에듀테크 전문가로
2. 삐까번쩍한 미래 교실에 진짜 필요한 건
3. XR메타버스교사협회, 그게 뭔가요?
4. 저의 장래희망은요

꿈터뷰

문과 출신 아날로그 인간에서 에듀테크 전문가로

저는 사색가입니다

안녕하세요. 저는 아주 어릴 때부터 생각에 잠겨 있는 걸 좋아하는 사색가입니다. 중학교 2학년 때는 독서실에서 공부하다가도 머리 식힌다고 옥상에 올라가, 작은 의자에 앉아서 하늘을 누비는 새 무리를 한시간도 더 쳐다보며 사색에 잠기곤 했습니다. 제가 사색을 좋아하는 데에는 이유가 있습니다. 보통 사색이라고 하면 따분하고 지루한 이미지가 떠오르기 쉽지만, 저에게 사색은 또 다른 세상으로의 진입이기 때문입니다. 온갖 상상들을 펼칠 수 있는 머릿속 세상. 그렇게 사색을 자주하다보니 자연스럽게 철학에도 관심이 많아졌습니다. 인생이란 무엇인가? 사람은 어떻게 살아야 하는가? 정의란 무엇인가? 언제나 어려운 질문들을 꼬리에 꼬리를 물듯 머릿속에 달고 다니며 고민했고, 그에 대한 제 나름대로의 결론 내리기를 즐겼습니다.

그런데 저는 사색만 좋아했던 것이 아니라, 제 머릿속에 든 수많은 생각들을 말로 표현하고 또 남들에게 설명하는 것도 좋아했습니다. 초등학생 때부터 선생님 행세를 하며 친구들에게 무언가를 알려주는 게 그렇게 뿌듯할 수 없었습니다. 진로적성 검사에서도 근 10년간 부동의

1위가 교사, 목사, 영업사원이었기에 저는 제가 잘하고 좋아하는 일을 자연스레 장래 희망으로 삼았습니다. 교사의 꿈을 품기 시작한 초반에는 단지 남을 가르쳐 주는 것이 즐겁다는 생각뿐이었던 것에 반해, 시간이 흐르면서 더 깊고 넓은 범주로서의 교육에 대해서도 관심을 가지기 시작했습니다. 교육이 점점 매력적으로 느껴졌던 이유는, 저에게 교육은 학교에서뿐만 아니라 우리 인간의 삶 속에서 끊임없이 일어나고 있는 현상들이기 때문이었습니다. 그래서 교육을 공부하면 할수록 오랫동안 고민해오던 머릿속 어려운 질문들이 하나씩 해결되었고 그 덕분에 제 인생관을 차곡차곡 정립해 나갈 수 있었습니다.

저에게 교육은 한 인간이 무언가를 알아차리는 과정이자, 인생 그 자체였습니다.

교육이란 무엇인가

초등교사로서, 이번에는 교육에 대해 조금 깊이 있는 이야기를 해보겠습니다. 교육이란 단어의 사전적 의미를 따져보면 가르치고 배우는 것입니다. 그렇다면 누가 가르치고 누가 배우는 것일까요? 교육 환경에 따라서 우리는 가정교육, 학교교육과 같은 용어를 사용하기도 하고 배움의 주체에 따라서 자녀교육, 부모교육, 평생교육과 같은 용어를 사용하기도 합니다. 또한 가르치는 내용에 따라 독서교육, 수학교육과 같은 용어를 사용하기도 합니다. 결국 ~교육이라는 단어는 만들어내기 나름일 정도로 무한하다고 할 수 있는데, 그러다보니 '교육'이란 단어를 어떤 목적을 달성하기 위한 수단 정도로 가볍게 갖다 붙일 수 있는 도구로 인식하는 경향이 자리잡고 말았습니다. 결국 교육의 본질적인 의미는 점점 흐려지는 동시에 너도나도 교육전문가라고 해도 무방한, 그런 분위기가 된 것입니다.

하지만 가르치고 배우는 행위 그 자체에 교육의 본질이 있으며, 교육의 과정 속에서 스스로가 배움의 주체가 되어 성장하는 것에 교육의 가치가 있습니다. 여기서 중요한 건 무언가를 배우고 성장하는 주체는 반드시 나 자신이 될 수밖에 없다는 점입니다. 예를 들어서 학교에서 선생님이 30명의 아이들에게 똑같은 내용을 가르쳤다고 해도, 30명의 아이들이 모두 똑같은 배움을 경험하고 똑같은 속도로 똑같은 정도의 성장을 이루지 않습니다. 가르치는 주체가 선생님이고 가르치는 내용이 수학이라고 할지언정 결국 그 수업을 듣는 학생들은 제각각 그 시간에 깨닫고 느끼는 부분이 다르기 때문입니다. 이렇듯 교육은 모두의 삶 속에서 각각 다른 형태로 존재하며 한 인간을 성장케 하고, 사람들은 마치 호기심을 해결해서 신난 아이들처럼 교육을 통해 성장한 자신의 모습으로부터 기쁨을 얻습니다. 그렇게 교육은 우리가 살아가면서 배우고 성장하는 모든 순간에 항상 존재하며, 수단이 아닌 그 자체로서 우리 삶을 기쁘게 합니다.

어쩌다 에듀테크

교육의 본질이 무엇인지 고민하던 제가 어쩌다 에듀테크에 빠지게 되었을까요? 사실 저는 테크와는 거리가 매우 먼 사람이었습니다. 신문물은커녕 기존에 있는 다양한 도구들마저 최대한 쓰지 말자는 미니멀리즘을 늘 꿈꿔왔습니다. 심지어 대학생 때는 방학을 맞이해서 일주일간 시계 없이 살아보기에도 도전해 본 적이 있을 정도입니다. 그런 저였기에 교육에 있어서도 특별한 도구를 사용한다기보다, 교사와 학생이 대화를 통해 끊임없이 소통하면서 학생들에게 자연스럽게 배움이 일어나는 상황이 만들어지는 수업 장면을 가장 좋아했습니다. 초임 시절부터 각종 온라인 교수학습 사이트들을 과감하게 포기하고 오로지 교과서, 판서, 노트 필기, 대화만으로 대부분의 수업을 진행했었습니다. 언젠가 학부모 공개수업 때는 학부모님들을 위한 수업 안내문에 "학생들의 디지털 기기 노출을 예방하기 위해 PPT를 사용하지 않는 것이 저의 수업 스타일입니다"라고 적어두기도 했었습니다. 오히려 그러한 수업방식을 선호하고 응원의 메시지를 남겨주신 학부모님들도 계셨던 게 기억에 납니다.

하지만 코로나가 이 모든 걸 바꾸어 버렸습니다. 학생들과의 상호작용을 매우 중요시하던 저에게 원격수업은 적잖이 당황스러웠습니다. 처음에는 영상 콘텐츠라도 만들어서 학생들과 상호작용을 이어가 보자는 생각으로 수업 영상을 만들기 시작했는데, 영상은 아무래도 제가 전달하고자 하는 바를 정확히 전달하기도 어렵거니와 영상 제작에 너무나 많은 시간과 노력이 들어갔습니다. e학습터와 같은 학습관리 플랫폼들도 등장했지만 그 역시 결국 교사가 자료를 업로드하고 과제를 제시해 주면 그걸 학생들이 각자 확인하고 과제를 제출하는 방식이다 보니, 수업의 흐름이 유기적이지 못하고 교사 따로 학생 따로 뚝뚝 끊기는 분절된 학습만 진행되는 것 같아서 너무 아쉬웠습니다. 그래서 저는 원격수업에서도 학생들과의 상호작용을 살리려면 실시간 쌍방향 수업 밖에는 답이 없다고 판단했고, 1교시부터 6교시까지, 중간에 점심시간까지 철저히 지켜가며 온종일 실시간 쌍방향 수업에 과감히 도전하게 되었습니다.

저의 패기와는 달리 현실의 실시간 쌍방향 수업에는 난관이 정말 많았습니다. 그 당시 제가 마주했던 해결 과제들을 한번 쭉 나열해 보겠습니다.

❶ 교사의 모습과 목소리가 깔끔하게 전달되어야 한다.
❷ 교사가 사용하고자 하는 수업자료를 손쉽게 전송할 수 있어야 한다.
❸ 학생들이 수업에 잘 참여하고 있는지 계속해서 화면을 모니터링해야 한다.
❹ 교과서 설명이 필요한 경우에는 교사를 비추던 카메라를 도중에 전환해서 교과서를 비출 수 있어야 한다.
❺ 학생들의 집에는 카메라와 마이크가 있어야 하고, 와이파이가 원활해야 한다.
❻ 학생들이 사용하는 무선기기의 배터리는 충분히 충전되어 있어야 한다.

결국 이러한 문제들을 하나씩 해결해 나가는 데에는 '테크'가 필요했습니다. 교사의 얼굴과 목소리를 선명하게 전달하기 위한 고화질 캠코더와 무선 마이크, 필기가 가능한 디지털 펜, 송출되는 수업화면의 원활한 전환, 학생들의 발표를 독려할 수 있는 재미있는 플랫폼, 수업이 끝난 이후 학생들의 과제를 효과적으로 확인할 수 있는 디지털 자료 제작. 게다가 학생들이 일주일에 며칠씩 등교하기 시작하고부터는 온라인과 오프라인을 모두 아우를 수 있는 블렌디드 러닝을 위한 테크 역시 필요했습니다.

그렇게 일 년을 보내고 나니 저도 모르게 에듀테크 활용 역량이 한층 성장하게 되었습니다. 동시에 한 가지 걱정도 생겨났습니다. 코로나가 언제 끝날지도 모르거니와, 앞으로의 교직 생활 중에서 또다시 원격수업을 겪을 수도 있을 텐데, 과연 지금 내가 익힌 이 에듀테크들을 앞으로도 계속 써먹을 수 있을까? 그래서 저는 이듬해에 전면 등교 수업을 진행하고 있던 소규모 학교로 근무지를 옮겼음에도 불구하고 에듀테크 활용 수업 연구에는 끈을 놓지 않았습니다. 특히 모든 학생들이 정상적으로 등교를 하는 상황에서 쓸 수 있는 유용한 디지털 도구들을 많이 살펴보기 시작했는데, 이때가 제가 본격적으로 에듀테크를 연구하기 시작한 시점이었습니다.

당시에 제가 가장 먼저 관심을 가졌던 건 학생 맞춤형 학습 플랫폼이었습니다. 제가 워낙 학생 개개인의 수준을 파악하고 그에 맞게 과제를 제시하는 교수법을 선호하다 보니, 힘들긴 했지만 수기로 학생들의 학습데이터를 일일이 기록 해나가고 있었습니다. 그런데 마침 인공지능으로 학생들의 학습 수준을 파악하고 그에 맞는 문제까지 제공해 주는 플랫폼을 발견하고는, 딱 저한테 필요한 플랫폼이라는 생각에 바로 학생들과 함께 사용하기 시작했습니다. 그때가 2021년이었는데, 돌이켜보면 그게 바로 2025년의 AI 디지털 교과서가 구현하고자 하는 개별 맞춤형 학습의 초창기 형태였습니다. 참 아이러니하게도 테크에 문외한이던 제가 단지 원래 하던 수업을 살짝 더 개선하기 위해 사용했던 도구들이, 결과적으로 3~4년 정도 앞선 선택이었던 겁니다.

그 후로도 영어 시간에 자기주도학습 자료를 제공하는 AI 펭톡을 도입하기도 했고, 학생들이 멀리서 교사의 칠판을 바라보면 전달력이 떨어진다는 점에 착안해서 각자의 책상에서 선생님의 판서를 쉽게 볼 수 있는 실시간 공유 보드 플랫폼도 써봤습니다. 에듀테크를 도입하는 방식은 항상 제가 수업하는 데에 있어서 무언가 불편함을 느끼고, 그 문제를 해결하기 위한 에듀테크를 찾아내는 동일한 루틴이었습니다. 그렇게 아름아름 공부하고, 여기저기 연수도 많이 찾아다니고, 에듀테크 관련된 책도 많이 읽었습니다. 그러다 어느 순간부터는 에듀테크 중에서도 난이도가 높은 편인 VR 장비 활용 수업까지 진행할 수 있게 되었고, 메타버스를 수업과 자연스럽게 접목시킬 수도 있게 되었습니다.

여기까지가 문과 출신 아날로그 인간이 에듀테크 전문가로 거듭난 스토리라고 할 수 있겠습니다. 제가 어디 강의를 가게 되면 강의를 듣는 분들의 자신감을 돋워 드리기 위해 저의 스토리를 짧게나마 들려드리곤 하는데, 이 글을 읽으시는 분들 중 혹시나 에듀테크 또는 어떤 분야에서든 전문가가 되길 희망하신다면 망설임 없이 지금 바로 시작하시면 된다고 말씀드리고 싶습니다. 이 세상의 모든 전문가는, 누구나 초보였기 때문입니다.

삐까번쩍한 미래 교실에 진짜 필요한 건

에듀테크의 현주소

제가 스스로를 에듀테크 전문가로 소개하는 데에는 일종의 자신감이 깔려있습니다. 항상 겸손을 중요시하는 제가 대놓고 자신감을 내비치는 이유는, 바로 경험입니다. 일단 저의 지난 교직 생활을 돌이켜보면 학생들과 부대낀 수업 시간만도 10,000시간에 가깝습니다. 게다가제가 갖춘 수업 전문성에 에듀테크를 더하기 시작한 이후로는 메타버스, AI 디지털 교과서, XR기술 활용 교육과 같은 굵직한 키워드에 대해서 수많은 수업, 활동, 성과를 경험했기 때문입니다.

동시에 그만큼 에듀테크 분야에 많은 기대와 실망을 반복했던 것도 사실입니다. 새로운 에듀테크 중 정말 교육적으로 효과가 있을 것 같아 많은 시간과 노력을 투자해서 발굴한 것들을 막상 현장에서 써보면 기대보다 큰 성과가 없는 경우도 많았습니다. 특히 제한된 학교 예산을 투입해서 큰맘 먹고 구입했는데 막상 사용성이 떨어지면 적잖이 스트레스도 받습니다. 아마 저와 비슷한 경험을 하고 에듀테크 자체에 회의감을 느낀 선생님들도 참 많을 겁니다. 솔직히 저도 몇 번이고 그냥 에듀테크고 뭐고 코로나 이전으로 돌아가고 싶다는 생각을 하기도

했습니다.

하지만 끝까지 에듀테크를 고집하고 있는 이유는 단 하나. 그 무엇으로도 대체할 수 없는 에듀테크만의 장점이 너무나 선명하게 있다는 점입니다. 모든 사물의 이치가 그렇듯 에듀테크에도 장단점이 있는데, 포기해 버리기에는 장점을 너무 많이 알게 된 겁니다. 수업 시간 중에 발표에 적극적이지 않거나 교사로부터 멀리 앉아 있는 다소 소외되었던 학생들과 실시간으로 소통하고 피드백 주고받기, 학생들이 자기주도 학습을 할 수 있는 환경과 콘텐츠 제공해주기, 학생들이 수업 도구 자체에 흥미를 느끼고 이를 활용해보고자 적극적으로 참여하는 학습주도성 높이기. 이런 것들은 에듀테크 없이는 쉽사리 구현해낼 수 없습니다. 그래서 저는 자신 있게 이렇게 말씀드릴 수 있습니다.

"반드시 에듀테크여야만 할 수 있는 교육활동들이 있다."

그렇다면 이 좋은 에듀테크를, 과연 오늘날 모든 교실에서 사용하고 있을까요? 전혀 그렇지 않습니다. 교사로서 체감하는 바로는, 평소 주변에서 마주하는 선생님들 중 에듀테크를 적극적으로 활용하시는 분들은 손에 꼽을 수 있을 정도입니다. 여기서 에듀테크의 현주소를 고민하지 않을 수 없었습니다. 내가 아는 에듀테크의 장점은 이토록 큰데, 이걸 왜 모두가 사용하지 않는 걸까? 이유야 천차만별이겠지만 수렴되는 몇 가지 공통 의견들은 아래와 같습니다.

❶ 새로운 수업 도구를 받아들이는 데에 들이는 노력이 너무 크다.
❷ 너무 많은 에듀테크 도구들이 쏟아지고 있어서 무엇을 써야 할

지 모른다.

❸ 학생들이 지나치게 디지털 기기에 노출되는 것을 원치 않는다.

이러한 현실의 벽을 무너뜨리기 위해서는 일종의 담론이 필요합니다. 그것도 교사라면 누구나 관심가질 수밖에 없는 주제인 '미래 교실의 모습'에 대한 담론입니다. 교사들이 가르치는 아이들은 미래 그 자체이기도 하고, 교사로서 앞으로 근무해나갈 환경 역시 미래 교실이기 때문입니다. 게다가 '미래 교실의 모습'이라고 했을 때 가장 밑바탕이 되어야 할 건 에듀테크가 도입된 학교 건물, 교실, 수업 도구들일 수밖에 없습니다.

즉 선생님들 사이에서 '에듀테크에는 여러 장점들도 있으니 수업에 적용해 볼 필요가 있다'라는 담론보다는, '장차 다가올 미래 학교, 미래 교실, 미래 수업을 만들어가기 위해서는 에듀테크가 불가피하다'라는 담론이 형성된다면 자연스레 에듀테크의 수업 적용에 대한 공감대가 형성될 수 있습니다. 그런데 이런, 문제가 하나 있습니다. 그럼 도대체 미래 교실은 구체적으로 어떤 모습일까요?

미래 교실을 찾습니다

저의 30년 지기 막역한 친구가 교육행정 분야에서 일을 하고 있습니다. 한 번은 그 친구가 대뜸 전화해서는 저에게 묻습니다. "지금 내가 맡은 업무가 미래 교실 구축인데, 혹시 미래형 교실을 견학할 만한 곳이 있냐?" 처음엔 정말 쉬운 질문으로 들렸지만 막상 제 입은 쉽게 떨어지지 않았습니다. 따지고 보면 현재와 미래는 무지개 스펙트럼처럼 경계를 구분할 수 없는데, 현재와 미래의 중간쯤에 위치한, '미래 교실의 요소가 가미된 현실의 교실'을 찾아주어야 하는 겁니다.

과연 어느 정도로 환경이 잘 갖춰진 교실이어야 할까요? 저는 심기일전해서 친구에게 이야기했습니다. "과학원이나 정보원처럼 특정 목적으로 세워진 곳이 아닌 일반 학급의 경우에는, 솔직히 태블릿을 쓸 수 있는 환경만 잘 갖춰져 있으면 그걸로 충분한 견학이 돼." 이야기 해놓고도 친구에게 좀 미안했습니다. 자고로 미래 교실이라면 사면이 모두 디스플레이로 되어 있고, 교탁과 책상이 각각 하나의 거대한 태블릿 테이블이고, 교구장은 로봇과 VR로 가득 차 있는 삐까번쩍한 교실을 기대했을 것이 분명하기 때문입니다. 하지만 현실과 지나치게 동떨어진 이야기를 해줄 수는 없었습니다. 저와 제 친구가 그려야 할 교실은 머나먼 미래가 아닌 바로 내년에라도 만나볼 수 있는 근미래여야 하기 때문입니다.

이쯤에서 한 가지 의문이 생길 수 있겠습니다. 어떻게 태블릿을 쓸 수 있는 환경만 잘 갖춰져 있는 게 미래 교실인가? 결론부터 말씀드리면 이것 또한 쉽지 않습니다. 특히 단순히 태블릿을 보유하고 있다는 사실만으로 수업의 지평이 넓어지지는 않기에, 어떻게 사용하느냐의 문제도 반드시 고민해 봐야 합니다. 제가 이야기한 '태블릿을 쓸 수 있는 환경이 잘 갖춰진'이란 표현에는 사실 아래와 같은 여러 가지 내용을 내포하고 있습니다.

❶ 태블릿의 사양이 지나치게 뒤떨어지지 않아야 한다.
❷ 태블릿을 쉽게 보관할 수 있고 항상 충전할 수 있는 태블릿 보관함이 비치되어야 한다.

❸ 태블릿의 사용성을 더욱 확장할 수 있도록 펜, 무선키보드가 갖추어져야 한다.

❹ 와이파이가 원활하게 작동해야 한다.

❺ 태블릿이 고장 났을 경우 쉽고 빠르게 수리가 진행되어야 한다.

❻ 교사와 학생은 태블릿 활용 역량 내지는 디지털 리터러시를 갖추고 있어야 한다.

이러한 조건들이 준비만 된다면 그때부터는 무한하다고 할 만큼의 다양한 에듀테크를 수업에 활용할 수 있고, 필요에 따라 새로운 장비들을 도입해 가며 조금씩 교실 환경을 개선해 나갈 기반도 마련할 수 있습니다. 수업에서 쓸 수 있는 교과서가 갑자기 수십 수백 권으로 확장되고, 사용할 수 있는 학습 준비물의 종류는 훨씬 늘어나는 동시에 구매와 관리에 들어가는 기회비용은 절감이 되는, 마법 같은 일이 생기는 셈입니다. 아이들이 지팡이 대신 태블릿을 들었다 뿐이지 호그와트가 따로 없습니다.

이렇게 작은 변화가 생기기 시작하는 교실, 그곳이 곧 미래교실입니다.

다시 쓰는 인(人)테크

이제 에듀테크 이야기 중 하나만 남았습니다. 중요한 건 아껴두는 버릇이 글쓰기에서도 그대로 드러나는 듯합니다. 드디어 제가 좋아하는 철학과 연관지어서, 앞으로 에듀테크가 지향해야 할 방향성에 대해 이야기 해보겠습니다. 많은 선생님들께서 우려하고 계시듯 자칫 잘못 성급하게 에듀테크를 현장에 적용하다 보면 주객전도가 생기는 일들이 빈번해지기에, 과연 내가 왜 에듀테크를 수업에 적용하고 있으며 궁극적인 목적은 무엇인가에 대해 뚜렷한 가치관을 먼저 세울 필요가 있습니다.

우선 제 이야기에 힘을 좀 싣기 위해 스티브 잡스의 말을 잠시 인용하겠습니다.

"...technology alone is not enough --- it's technology married with liberal arts, married with the humanities, that yields us the result that makes our heart sing."

제 스타일대로 의역을 해보면 "기술은 그 자체만으로는 충분치 않다. 인문학, 인간성과 결합할 때 비로소 우리의 심금을 울린다."는 뜻입니다. 인류 역사상 위대한 혁신을 일궈낸 스티브 잡스가 강조한 건 바로 '테크'가 아닌 '사람(人)'이었습니다.

기술을 통한 인간성 회복에 늘 관심이 있었던 저에게 이 문장은 너무나 반가웠습니다. 그래서 내친김에 '인간성'과 '기술'의 융합을 시도한 연구는 없었을까 하며 관련 자료를 찾던 중, 한국정보화진흥원에서 발간한 '인(人) Tech - 사람과 기계의 공생'이라는 이름의 Special Report를 발견했습니다. 해당 연구자료에 의하면 인(人)테크란 '사람을 위한 기술'을 뜻하는 조어로, 사람만이 할 수 있는 역할을 효율적으로 수행하고, 사람으로서의 정체성에 더욱 집중할 수 있도록 지원하는 기술을 의미합니다.

인(人) + 테크(tech)

아, 이렇게 좋은 용어가 이미 2018년부터 쓰이고 있었는데 왜 뒤늦게 알게 되었을까. 그동안 제가 수업에 에듀테크를 접목시킬 때 항상 고민하던 지점이 '이 에듀테크 도구가 과연 학생들의 어떤 부분을 확장시켜줄 수 있을까'였습니다. 즉 제가 수업에서의 '학생을 위한 기술'을 고민했다는 점에서 '사람을 위한 기술'인 인(人)테크와 일맥상통한 부분이 있었던 겁니다. 특히 이는 인공지능 기술이 폭발적으로 발달하는 세상에서 학교 현장에 정말 중요한 시사점을 던져주는 용어이기도 합니다. 인간의 능력까지 컴퓨터과학으로 구현해 내는 인공지능 시대이기에, 학생들은 인간을 인간답게 해주는 것이 과연 무엇인지에 대한 고민을 어릴 때부터 해야 할 필요가 있기 때문입니다.

예를 들어 학생들에게는 '생성형 AI와의 대화를 통해 24시간 내내 언제든 외로움을 풀 수 있다면, 인간과 인간 사이의 대화는 어떤 점에서 의미가 있는가?', '앞으로 인공지능 기술이 현재 사람들의 일자리를 대체한다면, 나는 어떤 일을 하며 가치를 생산해 낼 것인가?', '인공지능도 흉내낼 수 없는 나만이 가진 기술은 무엇인가?'와 같이, 철학적인 고민에서부터 현실적인 문제에 이르기까지 깊고 넓은 질문들을 끊임없이 던져줄 필요가 있습니다. 그리고 그에 대한 답은 인공지능을 포함한 폭넓은 에듀테크를 경험한 학생들이 스스로 찾아갈 수 있도록 도와주어야 합니다.

XR메타버스교사협회, 그게 뭔가요?

교사가 왠 XR? 메타버스?

네, 맞습니다. 저는 XR메타버스교사협회 회장입니다. 어떻게 협회 회장이 되었는지를 말씀드리기 전에, 우선 XR과 메타버스가 무엇인지가 더 궁금하실 것 같아 먼저 설명드리겠습니다. 어렵고 모호한 단어를 설명할 때의 가장 좋은 전략은 역시나 사전적 의미를 풀어내는 것. 우선 XR은 eXtended Reality의 줄임말로 '확장현실'이라는 뜻입니다. 우리가 현재 실제로 존재하고 있는 현실을 확장한다는 것인데, 이미 우리에게 필연적으로 주어진 현실을 확장하기 위해서는 '비현실'로 나아갈 수밖에 없습니다. 그리고 여기서의 비현실은 허무맹랑한 비현실이 아니라, 현실의 연장선상에서 최대한 현실같이 느껴지는 비현실이어야 비로소 '현실이 확장되었다'고 할 수 있습니다.

예를 들어 어젯밤 원숭이가 되어 나무를 타는 꿈을 꾸었다고 하면, 그게 아무리 생생했다 하더라도 꿈이라는 걸 인식하는 순간 몰입은 곧바로 깨지고 맙니다. 반면 4DX 영화관에서 원숭이의 시점에서 나무와 나무 사이를 점프할 때 바람이 느껴지고 이슬 맺힌 나뭇잎을 지나갈 때 물방울이 튄다면, 영화관에 있다는 사실을 알면서도 실감나게 몰입할 수 있고 그러한 몰입 경험은 꽤 오래 지속됩니다. 여기서 사람들은 현실의 나를 벗어나 잠시 원숭이가 되어본 확장현실(XR)을 맛본 셈입니다. 그리고 이러한 확장현실(XR)을 구현하는 데 쓰이는 기술들을 '몰입형 기술' 또는 '초실감 기술'이라고 하는데, 인간의 오감을 확장해 주는 360영상, 햅틱 장갑과 슈트, 3D모델링, HMD VR, AR글래스 등 다양한 기술이 있습니다.

한편 메타버스는 meta와 verse의 합성어로 '초월 세계'입니다. 이미 널리 통용되고 있는 '메타인지'라는 단어가 '현재 자신의 인식이라는 한계를 벗어난 확장된 인지'라고 한다면, '메타버스'는 '현재 우리가 살아가고 있는 현실 세계에서 벗어난 비현실까지 확장된 세계'입니다. 그래서 정부와 공공기관에서는 메타버스를 '확장 가상세계'라고 정의하고 있습니다. 얼핏 보면 XR과 개념적으로는 거의 비슷해서 혼용되기도 하지만, 메타버스는 XR과는 달리 기술보다는 '공간'이라는 단어와 더 잘 어울립니다. 즉 '메타버스 공간'에서 'XR 기술'을 활용했을 때 사람들은 진짜 같은 확장된 경험을 할 수 있게 되는 겁니다.

하지만 이쯤되면 사실 XR과 메타버스의 경계선을 명확히 구분하기가 곤란해집니다. 각계 분야의 전문가들조차 관점이 모두 다르고, 심지어 애플에서는 이 2가지 단어 모두를 거부하고 '공간 컴퓨팅'이라는 새로운 개념을 더 강조합니다. 교사인 저로서는 XR이든 메타버스든, 개념 논쟁에 쏟는 시간과 노력으로 차라리 교육에 도움이 되는 무언가에 더 초점을 둘 필요가 있었습니다. 저에게 중요한 건 학생들이 XR과 메타버스를 통해 '확장된 교육의 경험'을 할 수 있는 새로운 지평이 열렸다는 점입니다. 손가락 하나만 까닥하면 우주로, 바닷속으로, 역사 속으로, 어디든 갈 수 있다는 사실. 교사로서 정말 흥분되지 않을 수 없었습니다. 그래서 저는 학생들의 배움터를 끝없이 확장해보기로 결심했습니다.

연결, 내가 가장 잘하는 것

앞서 말씀드렸듯 누구에게나 초보 시절은 있습니다. 제가 파릇파릇했던 에듀테크 새싹 시절, 비대면 수업을 위한 영상을 제작하면서 문득 '이왕 비대면이라면 좀 그럴듯한 가상 세계에 모여서 수업 해보고 싶다'는 한 줄기 생각이 번쩍 들었습니다. 그래서 에듀테크 중에서 나름 진입장벽이 높다는 VR 장비를 수업에 한 번 사용해보면 좋겠다 싶었습니다. 하지만 웬걸, 그 당시에는 VR 장비를 머리에 쓰고 수업을 진행한다는 선생님은 눈 씻고 찾아봐도 없었습니다. 그나마 선진적인 일부 선생님들께서 온라인 3D 미술관에 접속해서 가상의 미술 작품들을 둘러보는 정도의 수업을 진행하신 자료가 있었는데 그 외에는 찾기가 쉽지 않았습니다. 아쉬운 마음을 뒤로하며 1년 정도 기다려보면 누군가 멋진 콘텐츠를 만들어 줄 거라 생각했습니다.

그런데 또 웬걸. 그 후로 11개월 정도 지난 시점에서 '이쯤 되면 나왔겠지' 하는 마음으로 다시 한 번 교육용 VR 콘텐츠를 찾아봤는데, 역시나 제가 손에 쥔 건 가상의 미술작품들을 둘러보는 내용의 동일한 수업자료뿐이었습니다. 변한 게 하나도 없다는 사실에 막연했던 기대감이 갑자기 커다란 실망감으로 밀려왔습니다. 그 순간 저는 직감했습니다. 아, 지금 내가 나서지 않으면 앞으로 몇 년을 더 기다려야 될지 모르겠구나. 사람들을 모아야 할 때가 왔구나. 사실 저는 초등학교 6학년 때 반장을 해본 이후로 리더가 되어본 적은 없었지만, 리더를 도와 모임 운영의 내실을 다지는 역할은 기가 막히게 잘했습니다. 사람들과 사람들을 연결하고 시너지를 만들어내는 것에 남들은 모르는 저만의 재능이 있었는데, 드디어 저의 숨겨왔던 재능을 쏟아낼 때가 온 겁니다.

그때부터 쉴 틈 없이 달리기 시작했습니다. 어려운 VR 장비를 다루려면 어느 분야를 연구해야 되는지부터 찾아보기 시작했습니다. 우선은 교육용 VR 콘텐츠까지 포괄적으로 다룰 수 있는 '메타버스'를 키워드 삼아 연구하기로 마음먹었고, 지속가능한 연구를 위해 충북 메타버스 활용교육 교사연구회를 만들었습니다. 돌이켜보면 사실 '맨땅에 헤딩이라는 게 이런 거구나' 할 정도로 아무것도 모른 채 시작했었습니다. 그래서 당시 '메타버스' 키워드가 들어간 시중의 책들을 닥치는 대로 찾아서 읽었고, 교사 대상 메타버스 연수라면 온라인이든 오프라인이든 다 찾아서 들어봤습니다. 심지어 '메타버스 활용 교육'과 관련된 주제의 기사가 나오면 기사의 주인공이 누구인지 수소문해서 무작정 연락하기도 했습니다. EBS, 청양군청, 경기도 소재의 초등학교 교무실, 교사 협회 등. 정말 다양한 곳에 뜬금없이 연락하여 많은 분들을 당황시키기도 했습니다.

감사하게도 다들 저의 열정을 높게 사주신 덕분에 많은 정보들을 얻을 수 있었고, 그 중에서도 가장 인상적이었던 정보는 한국전자통신연구원(ETRI)의 연구 사례였습니다. 연구 내용인즉, 코로나에 걸린 학생들이 있는 한 소규모 학급에서 자가격리된 학생들을 포함한 모든 학생들과 담임교사가 AR글래스를 쓰고 가상의 칠판과 가상의 지구본을 조작하며 실시간 원격 수업을 가능케 하는 기술이었습니다. 그동안 제가 꿈꿔왔던 기술을 정확히 구현했다는 사실에, 눈에 불을 켜고 수소문하여 다짜고짜 해당 연구를 총괄하시는 박사님께 전화를 드렸습니다. 저희 연구회를 너무나 호의적으로 대해주신 덕분에 저는 연구회 회원들과 연구소를 방문하여 해당 기술에 대한 자세한 설명을 듣고 직접 체험도 해볼 수 있었습니다.

그 날 저는 메타버스 분야만큼은 정말 언젠가는 반드시 교육 분야에 적용될 수밖에 없겠다는 확신을 했습니다. 이후로도 적극적으로 AR, VR, MR 활용 수업을 전개했고, 유의미한 교육적 효과들을 체감하기 시작했습니다. 자신감을 얻은 저는 더 큰 포부를 갖고 학교급과 지역을 총망라한 전국 단위의 연구회를 만들어야겠다는 결심을 하기에 이르렀습니다. 그렇게 시작했던 XR교사연구회에 놀랍게도 전국적으로 유능하신 많은 선생님들께서 자발적으로 모여주셨고, 더욱 체계적인 모임 운영을 위해 XR교사연구회에서 XR메타버스교사협회로 탈바꿈한 XR Teachers를 설립하게 되었습니다.

지금도 협회만 생각하면 가슴이 두근두근합니다. 제가 협회 창립 이전부터 존경했던 선생님들을 포함하여 저보다도 한참 뛰어나신 선생님들과 함께 협회 활동을 하고 있다니. 그래서 어딜 가도 항상 힘주어하는 이야기가 있습니다. 저희 협회의 모든 회원들은 이미 각자의 분야에서 언제든지 리더가 될 수 있는 분들이시기에, 우리 협회는 모두가리더가 되는 공간이라고. 덕분에 그동안 저 혼자서 개인활동하며 느껴왔던 자신감보다 몇 배는 더 강력한 자신감을 느끼고 있습니다. 이게곧 시너지, 연결의 힘이란 것도 새삼스레 깨달았습니다. 그리고 이토록유능하신 선생님들 틈바구니에서 제가 할 수 있는 건, 그분들을 연결하는 일 뿐이라는 것도 계속해서 되새기고 있습니다.

협회에선 무슨 일이

저희 XR Teachers는 솔직히 좀 재미있습니다. 이런 모임은 처음 봤다는 이야기도 여러 번 들을 정도로 독특합니다. 무엇이 그렇게 다를까요?

우선 저희 협회를 관통하는 하나의 단어가 있습니다. 탈중앙화. 이게 뭘까요? 자고로 단체라면 번듯하게 총무, 이사와 같은 직위와 특정 임무를 수행하는 부서들이 있어야 누가 봤을 때 체계가 있다고 보이기 마련입니다. 하지만 죄송스럽게도 저희 협회에는 직위과 부서가 없고 모두가 동등한 '교사'로서 존재할 뿐입니다. 모든 회원들은 때론 프로젝트 리더가 될 수도 있고, 때론 프로젝트 구성원이 될 수도 있습니다. 즉 모든 회원들은 잠재적인 리더이기에 별도의 직위를 둘 필요가 없었고, 특정 부서에 얽매이지 않고 내가 관심 있는 분야의 프로젝트라면 어디에든 참여할 수 있기에 별도의 부서를 운영할 필요가 없습니다.

이사회 소집도 불필요합니다. 저희는 매달 한 번씩 전국에 있는 선생님들과 실감나는 VR협의회를 진행하기에, 일반적인 안건은 이 VR협의회에 참여하는 모든 선생님들과 함께 의논하여 결정합니다. 만약 협회 운영에 중요한 의결 사항이 있다면 합의된 의사결정 프로세스에 따라 모두의 의견을 수렴하는 투표를 진행하여 직접 민주주의를 실현합니다. 그렇기에 회원들의 적극적인 참여가 반드시 필요한데, 참여가 중요한 만큼 협회 운영에 적극적으로 참여하는 회원들에게는 '디지털 배지'를 부여하고 각종 혜택을 제공하는 지표로 활용하여 보상을 제공합니다. 그래서 회장인 저도 디지털 배지를 열심히 모으고 있습니다. 그래야 회장의 입지가 좁아지지 않고 제 말에 무게를 실을 수 있기 때문입니다.

그럼 이렇게 탈중앙화된 조직에서 구성원들이 하나로 뭉칠 수 있는 힘은 과연 어디서 나올까요? 사실 이건 아주 쉬운 부분입니다. 애초에 저희 협회에는 모든 선생님들께서 '자발적으로' 가입하셨기 때문에, 선생님들 스스로가 성장할 수 있는 기회만 제공 해드린다면 협회라는 울타리 안에서 모두가 만족할 수 있습니다. 회원 개개인들이 성장하면 그게 곧 협회의 성장이며, 교사의 질은 곧 공교육의 질이라는 점에서 '공교육에의 기여'라는 협회의 주된 목표도 달성할 수 있게 됩니다.

지금도 협회에서 가장 많이 하는 일들은 교실에서 활용가능한 교재와 자료 제작입니다. 학교 현장을 누구보다 잘 이해하고 계신 선생님들께서 어떻게 하면 내 수업에, 내 제자들에게 도움이 될까를 함께 고민하다보니 XR메타버스를 주제로 한 양질의 교수학습 자료들이 만들어질 수밖에 없습니다. 게다가 전국을 무대로 삼아 동료 선생님들의 역량을 높일 수 있는 온라인과 오프라인 연수도 끊임없이 진행하고 있으니 자부심이 절로 생겨납니다. 앞으로도, 이제 막 기지개를 켜기 시작한 XR 기반 학습 분야를 저희가 가장 앞서 개척해 나갈 겁니다.

저의 장래희망은요

진짜 현실이 되어버린 꿈 이야기

"에듀테크 전문가, XR메타버스교사협회 회장이라는 N잡 덕분에 과거의 나를 탈피하고 또 다른 자아를 만날 수 있게 된 건 저에겐 꿈만 같은 일입니다."

금방 제가 사용한 '꿈'이라는 표현은 일반적으로 사용되는 표현과는 뉘앙스가 조금 다릅니다. 보통은 실현될 가능성이 적은 희망이나 이상으로서의 꿈이라는 표현으로 주로 사용되지만, 저에게 있어서 꿈이란 앞으로 다가올 현실의 씨앗입니다. 애초에 꿈을 꾸지 못한다면 모를까, 저는 일단 한번 꿈을 꿨다하면 제 의지에 따라 언젠가는 실현이 가능한 현실로 만들 수 있습니다. 제가 지나치게 이상적이라고 판단하실 수도 있겠습니다만, 앞서 말씀드렸다시피 제가 대놓고 자신감을 내비치는 이유는 역시나 경험입니다. 지금부터는 진짜 현실이 되어버린 꿈 이야기를 한 가지만 들려드리겠습니다.

제가 중학생일 때였습니다. 당시 저의 형은 군 입대를 앞두고 있었습니다. 아실 분은 아시겠지만 과거의 군대는 온갖 괴담들의 발상지가 될 정도로 공포 그 자체였습니다. 입대를 하는 형도, 그런 형을 배웅하는 아버지도 얼굴에 근심이 한가득이었던 게 아직도 생생합니다. 학창 시절 내내 소심하기 짝이 없었던 저는, 나도 형처럼 언젠가는 군대를 가야 된다는 사실 그 자체가 도저히 받아들여지지 않았습니다. 그래서 그즈음 현실도피성으로 혼자 몇 번이고 중얼거렸던 말이 있습니다. "나는 나중에 꼭 출퇴근하는 군대에 갈 거야."

그 후로 저는 '출퇴근하는 군대'에 대해 부단히도 찾아봤습니다. 당시에 군대를 출퇴근하며 다니는 방법으로는 상근예비역, 사회복무요원, 전문연구요원, 산업기능요원 등이 있었습니다. 인터넷도 발달하지 않았던 시절에 이 정도로 자세히 찾아봤다는 것에서 얼마나 절박했는지가 느껴지시나요? 그럼에도 더 절망적이었던 건 이 모든 제도는 특수한 상황에 해당하기에 제가 지원할 수 있는 분야는 아니라는 점이었습니다. 결국 제가 내린 결론은, 누구나 군대에 출퇴근이 가능해지는 시대가 도래할 때까지 군대를 가지 말고 최대한 버텨보자는 것이었습니다.

24살이 되던 해였습니다. 출퇴근 군대를 꿈꾸기 시작했던 중학생으로부터 나름 오래 버텼습니다만, 안타깝게도 누구나 출퇴근하며 군대를 다니는 시대는 끝내 도래하지 않았습니다. 그리고 하나둘씩 주변에 있는 동료 교사들도 군대에 입대하기 시작했고, 이미 제대하고 나서 여유를 부리는 친구들도 점점 많아졌습니다. 그러던 때에 우연히 한 줄기 희망찬 정보를 알게 되었습니다. 대학교를 졸업한 사람들은 '학사장교' 시험을 통해 장교로 근무할 수 있는데, 장교는 훈련기간이 끝나면 월급을 받고 출퇴근을 할 수 있다는 소식.

그때부터 저는 학사장교에 모든 걸 걸었습니다. 사람 욕심이 참 무섭게도, 이왕 올인하는 거라면 전방이 아닌 도심 인근에서 평범한 직장인처럼 근무하고 싶다는 희망 사항도 추가했습니다. 결과는 어떻게 되었을까요? 기적처럼 저는 제가 입대하기 직전에 거주하던 곳에서 불과 10km 떨어진 도심 바로 근처에서 근무하게 되었습니다. '이럴 줄 알았다면 원래 살던 집에 계속 살 걸'이라는 생각이 들 정도로 가까운 곳으로 자대 배치를 받은 겁니다. 좋은 결과가 있기까지 수많은 노력을 한 것도 사실이지만, 겁에 질린 중학생 김수현이 출퇴근 하는 군대라는 꿈을 꾸지 않았더라면 이 모든 건 존재하지 않았을 겁니다.

그렇게 군대 출퇴근 생활을 시작하며 퇴근 시간 이후에는 이전에 근무하던 학교 동료 교사들과의 모임에 참석할 수도 있었고, 직장인 동호회 활동을 하며 새로운 인연을 만날 수도 있었습니다. 지금도 문득 군 복무 시절을 떠올려 보면 기적에 가까운 아찔한 확률이었다는 생각이 가장 먼저 듭니다. 덕분에 저는 두 가지를 뼈저리게 배웠습니다. 기적에 가까운 아찔한 확률 속 어딘가에는 이토록 생생한 현실이 꼭꼭 숨어있다는 사실. 그리고 이는 내가 과감히 도전하지 않았더라면 결코 깨닫지 못했을 것이라는 사실.

오늘도 꿈을 꾸는 이유

요즘 저에게는 새로운 장래희망이 생겼습니다. 초등학교 6학년 때부터 20년 동안 한 번도 바뀌지 않았던 '교사'라는 장래희망이, 이젠 그냥 '교사'가 아니라 전국에서 VR로 가장 수업을 잘하는 교사, 외국 학교 선생님과 VR로 코티칭하는 교사, XR기반 가상학교로 출근하는 교사로 구체화되어 가고 있습니다. 여느 아이들 못지않은 거창한 꿈들이지만, 그 속 어딘가에 숨어있을 현실 한 자락을 탐색하며 N자아를 만나고 있는 저로서는 꽤나 진지합니다.

사실 이 중에는 끝내 실현하지 못할 꿈도 있다는 걸 잘 알고 있습니다. 경험상 오래전부터 꿈꿔오며 많은 노력을 했음에도 아직 현실로 다가오지 않은 것도 있었고, 꿈을 이룰 수 있는 좋은 기회가 그냥 저를 슥 스쳐 지나간 적도 있었습니다. 그럼에도 제가 오늘도 진지하게 꿈을 꾸는 이유는, 꿈의 실현 여부를 떠나 꿈을 꾸고 있는 지금 이 순간만큼은 너무도 가슴 벅차고 생생한 현실이기 때문입니다. 꿈이라고 불리는 현실의 씨앗을 뿌리고, 씨앗을 열심히 가꾸고 있는 지금의 이 순간들을 온전하게 느낄 때, 말로 표현할 수 없는 커다란 행복감이 몰려옵니다. 한낱 즐거운 상상으로 지날 꿈일 수도, 어쩌면 인생을 걸고 치열하게 쫓아갈 꿈일 수도 있는, 그 수많은 '꿈들'이 '꿈틀'거릴 때마다 씨앗을 품은 제 온 마음이 진동하며 저를 울립니다.

아, 이야기가 나온 김에 지금 바로 하나 꿈을 꿔보겠습니다. 제 글을 읽고 조금이나마 마음이 동한 어느 독자분께서 저에게 이메일 한 통을 보내주셨네요. 저는 반가운 마음으로 답장을 하고 있습니다. 안녕하세요, 독자님! 독자님 같은 분이 계실까봐, 제가 얼마나 공을 들여 한 문장 한 문장을 써내려갔는지 모릅니다. 연락주셔서 감사합니다. 이것도 인연인데, 한 가지 여쭤보겠습니다.

'혹시, 독자님의 장래희망은 무엇인가요?'

인생을 터닝 포인트 시키는 N잡의 힘

은릿쌤
임가은

1. 약점이야말로 가장 강력한 '콘텐츠'가 된다
2. 지금 하는 일을 'N잡'으로 확장하는 방법
3. 잘 팔리는 책에는 '세 가지'가 있다.
4. 사람이 모이는 프로젝트의 비결은 '이것'
5. 워킹맘도 잘 살고 싶어서 선택한 시간
6. 나는 N잡으로 삶의 주체성을 찾았다

꿈터뷰

유튜브

약점이야말로 가장 강력한 '콘텐츠'가 된다

"특수교사면 특수학급에 관한 이야기를 해야 하는 거 아니에요?"

제가 출연했던 유튜브 채널 밑에 달려있던 댓글 하나입니다. 그 댓글을 보고 마음이 바람 빠진 풍선처럼 쪼그라들었던 기억이 납니다. 제가 가진 직업으로 인해, 제가 할 수 있는 이야기를 제한하는 시선을 느낄 때면 언제나 마음이 몇 걸음이나 뒤로 물러나게 됩니다. 그런데 제가 할 수 있는 이야기에 한계를 두었던 일은, 타인이 아닌 제가 저에게 아주 오랜 시간 해온 일입니다. 그것이 열등감이 되어 자신을 괴롭힌 시간이 10년이 넘어갈 때쯤, 제가 가진 것이 '강점'이 될 수 있다는 것을 글쓰기를 통해 느꼈습니다. 약점이 강점으로 전환된 시간이었죠. 저는 어떻게 베스트셀러 자녀 교육서를 낸 대한민국 첫 번째 초등 특수교사가 되었을까요?

나의 능력을 제한하는 건 타인이 아닌 '나의 시선'

타인이 특수교사에게 듣고자 하는 이야기는 몇 가지 주제로 정해져 있습니다. 느린 학습자, ADHD, 문제행동, 기초학력 부진 등입니다.

이 이야기가 중요하지 않다는 것이 결코 아니라, 특수교사가 할 수 있는 주제의 이야기가 더 폭넓다고 이야기하고 싶습니다. 특수교사는 느린 학습자를 포함한 특별한 교육적 요구가 있는 학습자를 가르치는 전문적인 교사입니다. 더 자세히 들여다보면, 이렇게 다양한 교육적 요구가 있는 학습자의 동기를 끌어내고 학생 개개인의 능력에 맞는 교육환경 및 교육과정을 구성하는 전문적인 교사라는 의미도 되지요. 저는 제가 4년간 공부하고 실습했던 이론들을, 12년간 학급에서 실제 구성하고 활용해보며, 자연스럽게 저의 자녀에게도 적용했습니다. 거기서 끝난 것이 아닙니다. 5년 전부터 비공개 교사맘카페에 제가 아이들에게 적용한 다양한 교육 방법들을 구체적으로 기록하고 나누기 시작했습니다. 결과는 어땠을까요? 올리는 글마다 반응이 폭발적이었습니다.

"선생님, 꼭 책으로 내주세요."
"선생님, 책이 나올 때 저한테 반드시 알려주세요."

비공개 교사맘카페는 유치원부터 고등학교까지 다양한 학교급, 그리고 교과 선생님이 모여 있는 곳입니다. 제가 나눈 이야기가 교육의 최전선에 있는 '교사'들에게 도움이 되었다는 이야기는 제게 강력한 메시지 하나를 주었습니다. 바로 특수교사라는 직업 안에 능력의 제한을 두고, 그 단어 안에 매몰되어 있던 건 다름 아닌 '나'라는 사실이었습니다. 제가 그간 특수교사로서 하고 있었던 아이의 동기를 끌어내는 전략, 개개인의 능력에 맞는 교육환경을 조성하는 방법에 관한 이야기가 제 안에 있었습니다. 그리고 그걸 자녀교육에 적용하는 저만의 방법 또한 제 안에 있었죠. 약점이라 생각했던 저의 이야기가, 오직 저만이 할 수 있는 〈콘텐츠〉가 된 것입니다.

베스트셀러 자녀 교육서를 낸 대한민국 첫 번째 초등 특수교사

제가 책을 내고 싶어서 원고를 준비하던 때에 함께 책을 내고자 했던 선생님들이 계셨습니다. 초등학교 교사, 혹은 중학교 또는 고등학교 교사였지요. '공부 잘하는 아이들'을 수없이 만나고 계신 현직 교사였습니다. 그리고 지금의 자녀 교육서를 읽는 독자들이 바라는 '공부 잘하는 방법'을 누구보다 잘 쓸 수 있는 분들이셨어요. 그때마다 제 마음은 쪼그라들고, 줄어들고, 점처럼 작아지기 일쑤였습니다. 하지만 저는 오직 특수교사이기에 할 수 있는 경험이 존재한다고 믿었습니다. 그리고 그 경험은 다른 누구도 결코 알 수 없는 포인트를 가지고 있었죠. 이러한 생각의 전환은, '할 수 없는 이야기'에서 '할 수 있는 이야기'로 바꿀 수 있는 동력을 주었습니다. 약점이야말로 글쓰기의 최대 출력 동기가 된 것입니다.

특수교육 관련 서적을 찾아보면 대학생을 위한 전공 서적이나, 예비교사를 위한 지침서, 혹은 장애 자녀를 둔 부모 혹은 종사자들을 위한 교육서가 대부분이었지만, 저는 그 속에서 스스로 잘하는 아이를 만드는 '자녀 교육서'를 쓴 첫 번째 초등 특수교사가 되었습니다. 수많은 초등교사 속에서, 일반 중고등 교사 속에서, 초등 특수교사가 자녀 교육서로 '베스트셀러'가 된다는 것이 의미하는 바는 단 하나입니다. 제 이야기가 '수요'가 있다는 뜻입니다. 제가 제 이야기를 '약점'이라고만 생각했다면 어떻게 되었을까요? 이처럼 자신이 할 수 있는 이야기를 제한하는 사람이 '나'여서는 안 됩니다. 우리는 누구나 본인만이 아는 약점을 가지고 있습니다. 약점은 약점으로 끝날 때만 약점입니다. 약점을 잘 닦으면 나만이 할 수 있는 이야기로 전환이 됩니다. 그리고 그 이야기야말로 오직 나만이 가질 수 있는 '콘텐츠'입니다. '콘텐츠'는 나를 가장 강하게 만들어 주는 유일함이 됩니다. 이미 당신은, 당신만의 유일함을 가지고 있는 사람임을 잊지 말길 바랍니다. 혹시 지금 생각나는 약점이 있나요? 주저 말고 그것부터 꺼내 보시길 바랍니다.

지금 하는 일을 'N잡'으로 확장하는 방법

"기운이 좀 생기면 조깅을 하겠다는 전략은 매우 어리석다. 조깅을 해야 기운이 난다. '일할 맛이 나는 일자리가 생기면 열심히 일을 해야지'라는 생각 또한 틀렸다. 열심히 일을 해야 신바람 나는 일자리가 생긴다."

위 구절은 《보도 섀퍼의 이기는 습관》에서 나오는 말입니다. 우리는 흔히 N잡이라고 하면 부수입 창출을 연관 지어서 생각합니다. '월 100만원 부수입' '강의료 1,000만원 강사' 타이틀을 보면 나도 모르게 마음 안에서 불만의 불씨 하나가 켜집니다. "지금 하는 일만 아니면, 나도 할 수 있을 텐데!"라는 생각도 자연스럽게 들기도 합니다. 이 불만이 무서운 점은 딱 하나입니다. 현재 내가 하는 일이 가치가 없다는 생각을 들게 합니다. 이 생각이야말로 다른 영역으로의 확장을 막고, 현재의 나로 머물게 하는 가장 큰 장벽이 됩니다. 보도 섀퍼의 말처럼 일할 맛이 나는 일자리가 생기면 부수입 창출의 기회가 오는 게 아닙니다. 현재 내가 가진 일의 가치를 정확히 인지할 때야말로 기회가 옵니다.

N잡이 별건가? N잡의 개념 잡기

N잡이 뭘까요? 프로 N잡러는 또 뭘까요? 흔히 우리가 생각하는 N잡의 기준은 이렇습니다.

- 매달 부수입 100만 원
- 이름만 들어도 누구나 아는 인지도
- 지금 당장 하는 일을 그만둬도 될 법한 수익 창출

저는 위 조건들에 모두 해당될까요? 그렇지 않습니다. 하지만 저는 저를 스스로 프로 N잡러라 정의내리고 있습니다. 그 이유가 뭘까요? 저는 현재 제가 하는 일의 본질에서 확장된 일들로 계속 나아가고 있기 때문입니다. 한때는 저도 제가 하는 일을 그만두어야만 다른 일로 나아갈 수 있다고 생각한 적이 있습니다. 매일 쏟아지는 교직에 대한 부정적인 뉴스, 선한 의도였음에도 민원으로 이어질 우려 등으로 현재 업에 대한 불안한 나날이 분명 존재했습니다. 지금도 그런 두려움이 없다면 거짓말입니다. 하지만 저는 이런 일들을 단순히 사건으로 두지 않고, 글감의 소재로 써야겠다는 생각의 전환을 했습니다. 왜냐하면 나뿐만이 아닌, 누구나 겪는 일이 될 수 있기 때문입니다. 그리고 이런 이야기야말로 지속적인 이야기가 가능한 N잡의 씨앗이 됩니다. N잡의 본질은 콘텐츠입니다. 이는 내가 몇 개의 콘텐츠, 즉 이야기를 가진 사람이냐는 말로 변환시킬 수 있습니다.

요즘 인스타 릴스, 유튜브에서 높은 조회수를 올리고 있는 이야기를 살펴보면 생각보다 큰 주제가 아닙니다. "학기 초 기초조사서 쓰는 법, 1학년 입학하는 아이가 알아야 할 점, 방과후 학교 선택 방법" 등이 큰 인기를 끌고 있습니다. 학교에서 근무하는 선생님이라면 기본적으로 어느 정도는 모두 알고 있는 내용이겠죠? 내용을 살펴보면 "어라! 내가 할 수 있는 이야기인데?"라는 생각도 드실 수 있습니다. 이처럼 N잡의 시작은 전혀 새로운 일이 아니라, 내가 하는 일에서 확장하는 것입니다. 이때까지 N잡이 어려웠던 이유를 생각해 보면, 새로운 영역을 창출해야 한다는 생각 때문일 수 있습니다. 그리고 그 생각이 나의 행동을 가로막는 가장 큰 걸림돌이 됩니다. 지금 나에게 가장 익숙한 업무, 현재 고민되는 지점이 바로 남들이 가장 듣길 원하는 이야기입니다. 저 또한 특수교사로서 제가 매년 작성하고 있는 개별화 교육의 핵심을 다른 사람이 듣고 싶은 이야기로 접목하여 콘텐츠를 만들었습니다. 개별화 교육이란, 학습자 개개인의 성향·특성·강점·능력을 고려하여 만드는 맞춤형 교육과정입니다. 이를 자녀교육과 접목하여, 교육환경구성전문가로 활동하고 있습니다. 어떤가요? 새로운 분야를 파야 길이 열리는 것이 아니라, 현재 하는 일을 확장해야 길이 열립니다.

오늘 당장 시작하는 N잡 도구 다섯 가지

아마 지금 떠오르는 생각 하나가 있을 겁니다. 가장 먼저 떠오른 생각은 나와 가장 잘 맞거나, 내가 하고 싶은 콘텐츠일 확률이 높습니다. 그렇다면, 이젠 나의 콘텐츠를 만들고 알릴 차례입니다. 어떻게 시작하면 좋을까요? 다섯 가지 도구를 소개합니다.

❶ SNS

SNS는 Social Network Service의 약자로, 웹상에서 이용자들이 인

적 네트워크를 형성할 수 있게 해주는 서비스입니다. 인스타, 트위터, 페이스북 등을 들 수 있습니다. 주변에서 가장 많이 듣는 이야기는 두 가지입니다. "인스타 그거 어떻게 하는 거야?" "뜨는 공식이 있다던데, 내 맘대로 해도 돼?" 당연히 저 또한 같은 고민을 했습니다. 그런데 결론은, "내가 해봐야 안다."입니다. SNS 진입 장벽이 높은 이유는 단기간에 성과를 내야 한다는 마음 때문입니다. SNS는 무료로 나를 알릴 수 있는 유용한 도구입니다. 그리고 나를 드러낼 수 있는 공간이기도 하지요. 내 집이라는 마음으로, 내가 할 수 있는 이야기부터 시작해 보세요. 내 이야기에 도움을 받는 사람이 분명히 있습니다. 그리고 피드백을 주는 사람도 분명 존재합니다. 피드백이야말로 내가 하고 싶은 이야기와 다른 사람이 듣고 싶은 이야기의 접점을 찾아주는 지도가 됩니다. 올리지 않으면, 피드백도 없습니다.

❷ 블로그

블로그를 SNS와 따로 둔 이유는, 플랫폼의 성격이 달라서입니다. 인스타가 이미지 강조형의 플랫폼이라면, 블로그는 글 강조형의 플랫폼입니다. 말 그대로 독자가 다릅니다. 짧게 요약된 이미지형 정보를 원하는 독자는 인스타를 선호하고, 스토리텔링 중심의 정보를 원하는 독자는 블로그를 선호합니다. 저 또한 인스타와 블로그에 같은 주제의 내용이지만, 올리는 방식이 다릅니다. 퇴고를 주제로 글을 쓴다고 예를 들어보겠습니다. 인스타의 경우에는 퇴고의 핵심이 요약된 카드 뉴스를 발행하고, 블로그의 경우에는 퇴고의 핵심을 [서론-본론-결론]으로 풀어서 쓴 한 편의 글을 발행합니다. 블로그 역시 무료로 나를 알리는 확실한 도구입니다. 게다가 서사를 입힐 수 있지요. 인스타와 블로그를 병행해야 합니다.

❸ Youtube

흔히 유튜브는 영상 기반 플랫폼이라고 생각합니다. 하지만 유튜브를 한 편이라도 올려본 사람이라면 알 수 있습니다. 영상만 잘 찍어선 내가 하고자 하는 이야기를 전달할 수 없다는 것을요. 유튜브의 핵심은 '스토리 라인'입니다. 편집은 부차적인 문제이며, 내가 전하고자 하는 이야기가 확실해야 합니다. 결국 유튜브도 글로 연결이 됩니다. SNS와 블로그를 해야 하는 이유는, 무료로 공개된 글쓰기 연습이 되기 때문입니다. 이를 통해 나와 연결된 누군가에게 피드백을 받습니다. 그리고 이렇게 단련된 글쓰기가 결국 영상에서 제대로 말하는 힘을 갖게 됩니다. 하지만 쓰기와 말하기 근력이 붙었다 해도, 유튜브로 반드시 성공할 수 있는 건 아닙니다. 단지, 확률이 높아지는 거죠. 유튜브 마의 지점은 3개월이라고 합니다. 영상 제작까지 5시간 걸렸는데 조회수가 100도 안 나오면 말 그대로 힘이 빠지죠. 그런데 기억해야 할 점이 있습니다. 몇 만 명의 구독자를 가진 유튜버도 구독자 0, 조회수 0부터 시작했다는 것입니다. 그 사람과 나의 유일한 차이점은 "꾸준히 했냐, 안 했냐?"임을 기억하시길 바랍니다.

❹ 책쓰기

책은 특별한 사람만이 쓴다는 생각은 오해입니다. 평범한 사람이 책을 쓰기에 특별한 겁니다. 온라인 서점의 카테고리를 눈여겨 살펴보시길 바랍니다. 가정/살림 분야에서도 6가지의 소분야로 나눠집니다.

임신/출산, 육아, 자녀교육, 요리, 집/살림, 결혼/가족이 있습니다. 임신을 경험한 엄마라면, 육아를 경험한 평범한 직장인이라면, 살림만 20년차인 전업주부가 글을 쓸 수 있는 이유입니다. 내가 경험한 일은 나만의 서사를 가지고 있기에 특별합니다. 세상엔 같은 지문이 없습니다. 그 말은, 세상엔 같은 경험이 없다는 말입니다. 육아라는 공통된 주제로 이렇게 많은 책이 나올 수 있는 이유입니다. 무료 공개 글쓰기 공간인 SNS, 블로그, 유튜브 중 무엇 하나라도 시작했다면 책 한 권을 쓸 힘을 이미 가지고 있는 겁니다. 누구나 SNS를 할 수 있지만, 누구나 하지 않는 것과 같은 이치입니다.

❺ 강연

강연은 나를 알릴 수 있는 최적의 통로라 생각합니다. 그리고 독자, 혹은 청중과 가장 활발하게 소통할 수 있는 장이 되기도 하지요. 그런데 강연의 벽은 생각보다 높습니다. 책을 야심에 차게 출간했지만, 강연 의뢰를 한 번도 받지 못하는 작가가 수두룩합니다. 이유가 뭘까요? 저는 강연 의뢰를 기다리기만 했기 때문이라고 생각합니다. 또한, 내가 유명한 사람이 아니면 강연을 할 수 없다고 생각하기 때문이라고 생각합니다. 제안을 기다리지 않고, 지금 강연 의뢰서를 써보세요. 내가 나눌 수 있는 콘텐츠를 직접 개발하시길 바랍니다. 의뢰서만 있다면, 지역 도서관에 직접 제안할 수 있습니다. 또한, 온라인 공간에서 청중을 모집하는 방법도 있습니다. 줌을 이용한 연수가 활발한 지금이야말로 적기입니다. 이 역시 SNS, 블로그, 유튜브를 통해 홍보할 수 있습니다.

이제 보도 섀퍼의 말은 이렇게 바꿀 수 있습니다.

"기운이 좀 생기면 N잡을 하겠다는 전략은 매우 어리석다. N잡을 해야 기운이 난다."

N잡을 망설이는 당신, 지금 하는 일이 당신의 유일한 콘텐츠가 됩니다. 그리고 다섯 가지 도구를 적절히 활용할 때, 사람들이 당신의 이야기를 콘텐츠로 인식하게 됩니다.

잘 팔리는 책에는 '세 가지'가 있다

"선생님! 이 책으로 국내 도서 30위 안에 듭시다."

출판사 미팅 자리에서 편집자님에게 들었던 말입니다. 저의 대답은, 주저 없이 "네! 그럼요!"였습니다. 국내 도서 30위 안에 든다는 것이 책을 출간해본 적 없는 초보 작가에게는 마음만 먹으면 누구나 닿을 수 있는 목표처럼 느껴졌습니다. 그런데 막상 책을 출간하고 보니 그것이 얼마나 어려운 일인지를 알았습니다. '판매지수, 재쇄' 등 책을 출간하기 전까진 들여다보지 못한 단어들이었습니다. 한 사람이 엄마, 딸, 며느리, 아내 등 다양한 역할을 가지고 있듯이 '저자'라는 이름도 다양한 역할을 가지고 있다는 것을 출간의 일련 과정을 통해 느꼈습니다. 제대로 이음새를 가진 책을 출간하기 위해 원고를 다듬고, 퇴고를 반복하며, 독자에게 닿을 수 있는 책이 되기 위한 고민이 저자로서의 '본질적인' 역할이라면, 책이 널리 뻗어갈 수 있도록 책임을 지는 일 또한 저자의 '부차적인' 역할입니다. 그럼 우리는 저자로서 역할을 잘 수행하기 위해 무엇을 기억해야 할까요? 내 책이 잘 팔리길 원한다면, 저자로서 알아야 할 점이 무엇일까요? 잘 팔리는 책에는 '세 가지'가 있습니다.

첫 번째, 어떤 출판사를 선택해야 할까?

기획출판을 하길 원하는 초보 작가는 대부분 기획안과 초고를 작성한 뒤, 출판사 메일로 투고합니다. 투고할 때 기억할 점은 한 가지입니다. '내가 왜 이 출판사를 선택했는지'를 인지해야 합니다. 출판사라고 해서 모두 같은 출판사가 아닙니다. 각각의 출판사마다 가지고 있는 가치와 지향점이 다릅니다. 투고하기 전 출판사 메일 묶음을 다운로드 받아서 일괄로 보내는 것이 아니라, 내가 쓴 글과 출판사의 가치관이 맞는 곳을 찾아야 합니다. 저는 투고할 출판사를 선택하며 엑셀 파일에 '출판사, 이메일, 내 마음속 별표, 출판사를 선택한 이유, 출판사의 대표 서적, 이 출판사에서 의미 있게 읽은 책 혹은 읽고 싶은 책'으로 나눠서 정리했습니다.

예시)

출판사	이메일	내 마음속 별표	선택한 이유	대표 서적	의미 있게 읽은 책 or 읽고 싶은 책

이렇게 정리해두니 좋은 점은 다양한 출판사에서 연락이 왔을 때 출판사에 대한 정보를 다른 사람에게 묻지 않아도, '나만의 이유'를 가지고 출판사와 대화를 이어 나갈 수 있었다는 것입니다. 다른 사람의 사견에 흔들리지 않을 저만의 방향 지도가 생긴 셈이죠. 또한 제가 이 정리법을 추천하는 이유는, 출간의 과정 역시 '사람과 사람'이 하는 일이기 때문입니다. 내가 쓰고자 하는 책의 가치를 알아주는 출판사와 작

업을 했을 때 출간 과정이 행복할 수 있습니다. 출간이란 책이 세상에 나오는 것만을 의미하는 것이 아니라, 책을 내고자 하는 마음에서부터 출간하기까지의 모든 과정을 뜻한다고 생각합니다. 그렇기에 좋은 출판사의 기준을 대형 출판사냐, 소형 출판사이냐의 기준으로 단순하게 나눠선 안 됩니다. 나와 함께 어떤 '애정'을 가지고 출간의 여정을 갈 수 있는지를 꼭 파악하시길 바랍니다.

두 번째, 한 번만 들어도 기억에 남는 네이밍

《해냄 스위치를 켜면 혼자서도 잘하는 아이가 됩니다》라는 책을 출간한 뒤 독자분들께 가장 많이 들은 이야기는 '제목이 정말 좋다.'라는 이야기였습니다. 제가 책 안에 누구에게라도 자부할 만큼 좋은 내용을 적었다고 해도, 책의 첫 페이지가 펼쳐지지 않으면 소용이 없습니다. 지나가는 사람도 잠시 멈춰서 다시 한 번 들여다보게 하고 싶은 '제목', 그렇기에 책의 제목이 중요합니다. 아무리 좋다고 검증된 내용이라고 해도, 앞장이 넘겨지지 않으면 알 수 없기 때문입니다. 그렇기에 '읽히기 위한 첫 번째 관문'이 바로 제목입니다.

제목을 정할 때는 두 가지 기준이 필요합니다. 첫 번째, 책에서 전하고자 하는 핵심 가치가 직관적으로 녹아져 있어야 합니다. 두 번째, '뻔할 것 같다'라는 생각이 들지 않는 낯설면서도 호기심을 자극하는 키워드가 있어야 합니다. 저 역시 '자기 주도'라는 대중적인 소재로 책을 적었습니다. '자기 주도'와 관련된 교육 서적은 이미 차고 넘칩니다. 하지만 제가 쓴 책의 내용은 여느 자기 주도 책과는 다르다고 믿었습니다. 이러한 저의 '특별함'을 저만의 외침으로 끝나지 않게 해줄 매개체가 바로 '제목'이었습니다. 그렇다면 제목을 어떻게 정하면 좋을까요?

제목을 처음 확실하게 정하기 전에 '가제'라는 명칭을 붙여둡니다. 가제가 가제인 이유는, 어떠한 제목으로도 변경될 수 있다는 가능성을 품고 있기 때문입니다. 첫 제목에 매몰되지 않고 원고를 작성하며 내가 반복적으로 쓰는 키워드와 가치를 끊임없이 찾아야 합니다. 그 가치에 제대로 '하이라이트'를 켤 수 있도록 낯선 조합들을 떠올려야 합니다. 당연히 한 번에 떠오르진 않습니다. 황농문 교수님이 쓰신 《몰입》에서도 '생각을 포기하지 않고 이어가야 한다.'라는 말씀하셨습니다. 이처럼 뾰족한 제목을 얻기 위해서는 원고를 쓰는 내내, 다른 일을 하는 동안에도, 심지어 길을 걸으면서도 생각의 끈을 이어가고 있어야 합니다.

세 번째, 홍보는 내 책에 대한 책임을 다하는 일

책을 출간하고 나서 기존 작가분들에게 가장 많이 들었던 이야기는 "홍보가 정말 어렵다."라는 말이었습니다. 홍보라는 건 말 그대로 '나를 알리는 일'입니다. 어떻게 나를 알려야 할까요? 저 역시 책을 출간하기 전까지는 홍보에 대해 생각해 보지 않았습니다. 홍보를 어떻게 해야 하는지, 어떤 수단이 있는지 전혀 알지 못했었습니다. 책을 내면 끝이 아니라, 책을 내니 시작이라는 말이 정답이었습니다. 홍보를 유독 부담스럽다고 하시는 다른 작가분들의 이야기도 자주 들었습니다. 누군가에게 나를 적극적으로 알리고, 심지어 책을 구매해달라는 말은 당연히 어렵고 심지어 민망하기까지도 합니다. 저자가 홍보에 대해 가져야 하는 마음은 어떤 걸까요?

저는 '홍보'에 대한 생각을 '제 책에 대한 책임'이라고 스스로 정의 내렸습니다. 흔히들 책 출간에 대해 '자식을 낳았다.'라고 비유합니다. 책이 작가의 '자식'이라고 생각한다면, 아이를 낳은 것에서 끝나지 않고 그 아이가 잘 자랄 수 있도록 애정과 정성을 쏟아야 합니다. 그렇기에 출판사에만 홍보를 기대할 것이 아니라, 책에 대하여 가장 큰 애정이 있는 저자 역시 행동해야 합니다. 저는 출판사에 "홍보를 어떻게 해줄 거냐고" 묻는 대신, "제가 할 수 있는 홍보 리스트"를 적어서 메일로 보냈습니다. 출판사에서 그런 메일을 저자에게 받은 적은 처음이라고 말씀하셨습니다. 출판은 '사람과 사람' 간의 일입니다. 상대방에게 요구하기 전에, 내가 할 수 있는 최선을 보여주는 것이 '동행'의 가장 빠르고 정확한 길입니다. 이외에도 저는 '프로젝트 진행, 카페 운영, SNS 채널 운영' 안에서 제가 할 수 있는 홍보를 지속해서 이어갔습니다. 세상에서 내 책을 가장 사랑하는 사람은, '저자'입니다. 그 마음에 책임을 다하는 일은 '애정'을 더하는 일인 것이지, '민망함'이 더해지는 일은 아닙니다. 결국 책을 쓴다는 것은 나 자신과의 시간이 더욱 깊어지는 일입니다.

사람이 모이는 프로젝트의 비결은 '이것'

"같은 멤버로 5년간 모임을 하고 있다고요? 그것도 매일매일?"

2019년 12월, 저는 어린 두 아이를 키우는 '엄마'로서만 존재하는 것이 아니라, 하루에 아주 작은 순간이라도 '제 이름'으로 존재하기 위한 시간을 위해 루틴을 시작했습니다. 좋은 엄마가 되기 위해서는, 결국 좋은 나부터 선행되어야 한다는 믿음으로 시작한 일이었습니다. 그렇게 4개월을 루틴을 하다 보니, 지속하기 위해서는 누군가와 함께해야 한다는 생각이 들었습니다. 그리고 저처럼 엄마 이전의 '나'를 쌓고 싶은 사람들을 돕고 싶다는 마음이 들었습니다. 2020년 3월에 비공개 교사맘 카페에서 사람들을 모집했고, 2024년 현재까지 5년째 같은 멤버로 매일 함께 루틴을 하고 있습니다. 모임을 이끌어 본 사람들은 압니다. 매번 멤버가 바뀌는 것이 아니라, 같은 멤버로 이렇게 오랜 시간 지속된다는 것이 얼마나 어려운 일인지요. 종종 사람들이 모임을 그렇게 오랫동안 이끌어 온 비결이 뭐냐고 묻습니다.

루틴에 필요한 건 의지가 아닌 '시스템'

저는 루틴을 지속하기 위해선 '자신'에게 실망하지 않아야 한다고 생각합니다. 성공 경험이 생겨야 루틴을 이끌어 갈 동력과 즐거움이 생기기 때문입니다. 제가 만든 루틴 시스템은 아래와 같습니다.

달의 첫째 날, 그달의 목표 루틴을 정하고 그 루틴들을 각자의 달력에 차곡차곡 기록해나가게 했습니다. 루틴을 시작하며 '목표를 이루고 싶은 나'와 '쉬고 싶은 나'를 모두 받아들이기 위한 장치들도 마련했습니다. 일주일 동안 루틴을 매일 하는 것은 힘들 수 있으니, 주말에 하루는 쉴 수 있는 리플데이(RestFul day)를 정했습니다. 또한, 친구와의 약속이 있는 날이나 모임이 있는 날에는 루틴을 패스할 수 있는 두 번의 찬스권을 만들었습니다. 그리고 내가 정한 여러 가지의 루틴 중 하나라도 하는 날을 인정해주는 상냥한 두 번의 낼또권(내일이 또 있잖아)도 만들었습니다. 한 달의 마지막 날, 나의 루틴 목표를 모두 이뤘다면 멤버들끼리 만 원 정도를 모아 서로에게 보상으로 선물을 보내주었습니다.

저는 이렇게 각자가 성공 경험을 충분히 느낄 수 있는 루틴 시스템을 만들었고, 혼자 할 때보다 함께 할 때 더욱 단단하고 긍정적으로 차오르는 저를 느꼈습니다. 매번 '의지'가 없어서 루틴에 실패하는 게 아닐까 의심했던 멤버들은, 이제 더 이상 자신의 의지를 탓하지 않게 되었습니다. 해낼 수 있게 만드는 시스템 안에서 서로의 성장을 바라보고, 응원하는 돈독한 사이로 발전했습니다. 하지만 잘 짜진 시스템이 프로젝트의 성공 비결일까요? 멤버를 이끄는 시스템 역시 중요하지만, 핵심 비결은 아닙니다. 시스템이 없더라도, 모임을 성공적으로 이끄는 핵심 비결을 소개합니다.

리더에게 필요한 건 '마음, 시간, 에너지'의 세 가지 콜라보

"그거 돈은 받고 하는 일이에요?"

제가 여는 프로젝트마다 어떻게 사람들이 지속해서 모이고, 또 어떻게 오랜 시간 유지할 수 있는지 물어보시는 분들이 계십니다. 그때마다 제가 했던 방법을 말씀드리면 항상 위와 같은 대답이 돌아왔습니다. '돈을 받지 않곤 못할 일'이라는 생각이 들 정도의 시간과 에너지가 들어가는 일이라고요. 저 역시 어느 정도 공감합니다. 하지만 '수익성 프로젝트'를 열고 싶더라도, 처음부터 그렇게 운영할 수는 없습니다. 리더 역시 좋은 리더가 되기 위한 충분한 시간이 필요하기 때문입니다. 그 시간이 차곡차곡 쌓이면 신기하게도 사람들은 저절로 모이기 시작합니다.

프로젝트는 '사람과 사람'이 하는 일입니다. 사람을 귀하게 생각하지 않으면 그 프로젝트는 성공적으로 이어 나갈 수 없습니다. 그렇다면, 사람과 사람 간에 신뢰와 애정이 쌓이기 위해, 필요한 게 무엇일까요? 저는 바로 '마음, 시간, 에너지'라고 생각합니다. 제가 5년 전, 처음 프로젝트를 열 때 "Done is better than perfect(일단 해보는 게 완벽한 것보다 낫다)"라는 모토로 시작했습니다. 저는 멤버들에게 2년간 매일 다정한 '아침 편지'를 보냈습니다. 멤버의 하루를 응원하고, 시작을 독려하고, 작은 성취를 보듬는 말들이었습니다. 그런데 반응이 좋았냐고요? 처음에는 그렇지 않았습니다. 2년간 제 편지에 답을 해주는 멤버도 있었지만, 답이 없는 멤버가 더 많았습니다. 하지만 저는 이 프로젝트에 마음을 다하기로 마음을 먹었고, 또한 '일단 해보기로' 다짐했습니다. 그렇게 2년의 시간이 지나고 나자 놀라운 변화가 생겼습니다.

모든 멤버가 하루의 시간을 써서 서로에게 '다정한 말'을 남기기 시작했습니다. 저는 이때 느꼈습니다. 프로젝트의 성공은 결국 '얼마나 마음을 쓰느냐' '얼마나 시간을 들이느냐' '얼마나 내 에너지를 나누느냐'에 있다는 것을요. 수익성으로만 이어지는 관계는 오랜 시간 지속되기 힘듭니다. 결국 남는 것은 돈이 아닌 '사람'이기 때문입니다. 저의 첫 번째 책, 《해냄 스위치를 켜면 혼자서도 잘하는 아이가 됩니다》의 서문에 루틴을 함께 했던 모든 멤버의 추천사가 들어가 있습니다. 프로젝트를 성공적으로 이끌고 싶다면, '이 사람'을 어떻게 도울지 고민해야 합니다. 그리고 나의 마음, 나의 시간, 나의 에너지를 들일 수 있는지를 스스로에게 물어봐야 합니다. 저는 이 경험이야말로 제가 성장한 가장 큰 동력이 되었다고 생각합니다.

5년의 시간이 제게 가져다 준 선물은, '지구력'이었습니다. 그리고 이 선물은 제게 커다란 메시지 하나를 주었습니다. 가치 있는 건 그만한 시간이 걸린다는 것입니다. 프로젝트를 운영하면 생각보다 실망하게 되는 경우가 많습니다. 생각보다 사람이 모이지 않고, 내 마음만큼 사람들이 반응하지 않아서요. 그런데 지구력이 생긴 이후로 변한 점이라면, 사람이 생각보다 안 모인다고 실망하고 그만두는 것이 아니라, 사람이 내 마음만큼 반응하지 않는다고 금세 실망하지 않는다는 겁니다. 나에게 가치 있는 일은 당연히 그만한 시간과 정성, 마음이 듭니다. 그 사실 하나를 기억하는 것만으로도 이끌고자 하는 프로젝트는 이미 반 이상은 성공한 겁니다.

워킹맘도 잘 살고 싶어서 선택한 시간

"새벽 기상, 딴 나라 이야기 아닌가요?"

　새벽 4시 기상을 3년째 이어오고 있는 저도, 새벽 기상을 나와 상관없는 외딴섬에서 일어나는 이야기라고 생각했습니다. 저는 줄곧 새벽형 인간이라기보다는, 완벽한 올빼미족에 가까운 사람이었거든요. '세상엔 밤늦게 할 수 있는 재밌는 것들이 너무 많은데 왜 새벽에 일어나는 거지?'라고 의문을 품던 사람이 다름 아닌 저였습니다. 그런데 지금은 매달 '반드시 일어나는 미라클 모닝' 멤버를 모집하고, 새벽 기상 프로젝트를 운영하는 사람이 되었습니다. 어떤 욕망이 저를 움직인 걸까요?

　아이가 어려서 8시면 잠들었던 시절엔 육퇴(육아퇴근) 후에 하고 싶은 것들을 할 수 있었습니다. 그런데 아이들이 점점 자라날수록 늦어지는 취침 시간, 일을 하고 돌아오니 피곤으로 녹아내리는 몸, 그 외에도 눈앞에 쌓여가는 집안일 등으로 '나'를 위해 아무것도 하지 못하는 암흑의 시간이 있었습니다. 이런 시간이 쌓이자 아침에 일찍 일어나는 아이에겐 짜증이 났고, 늦게 잠드는 아이에게는 화가 났습니다. '어서 네가 잠들어야 내가 내 시간을 가질 텐데' '조금은 늦게 일어나야 나도 좀 더 잘 텐데!'라는 생각으로 아이를 대했던 날들이 이어졌습니다. 제가 '선택'했던 일들을, 아이의 '탓'으로 돌렸던 날들이었죠. 더 나은 제가 되기 위해서라도, 일찍 일어나는 것 말곤 선택지가 없었습니다. 그렇기에 제게 새벽 기상은, 제가 가진 시간의 권리를 지키고 싶다는 저의 강한 욕망이 들어간 일종의 생존 투쟁이었습니다.

그런데 '생존 투쟁'을 저만 하고 있는 게 아니더라고요. 혼자만의 생존 투쟁 중인 엄마들에게 '함께' 나아가는 방법을 안내하고 싶었습니다. 그렇게 저는 3년 차 새벽 기상의 운영자가 되었습니다. 저의 욕망을 제대로 바라보는 일이, 타인의 욕망을 보듬을 수 있는 일로 확장이 된 겁니다.

'반드시 일어나는 미라클 모닝' 프로젝트

저의 첫 번째 미라클 모닝 운영은 '48hour'이라는 프로젝트명으로 시작했습니다. 시간은 누구에게나 평등하게 주어지는 자원이죠. 그런데 이 자원을 어떻게 사용하느냐에 따라 세상을 바라보는 관점이 달라집니다. 새벽 시간에 쓰는 30분은 저녁 시간에 쓰는 2시간의 효율과 비슷하다는 연구 결과가 있습니다. 그렇다면 제가 매일 새벽 4시에 일어난다면 얼마만큼의 시간을 얻을 수 있는 걸까요? 새벽 4시부터 아침 7시까지 저의 여유시간이라고 생각해 본다면, 총 3시간이 있습니다. 그런데 이 3시간은 단순한 3시간이 아니죠. 3시간으로 12시간의 효율을 낼 수 있는 시간이 되는 겁니다. 누구에게나 24시간이 존재하지만, 같은 24시간이 아닌 이유입니다.

주변 사람들이 묻곤 합니다. "두 아이를 키우면서, 일도 하면서, 어떻게 책까지 내셨어요?"라고요. 저는 그때마다 새벽에 일어나 글을 썼다고 대답했습니다. 그리고 저에게 가장 의미 있는 일로 새벽 시간을 채우고 나면, 피곤함보다는 성취감이 더 강하게 몰려옵니다. 워킹맘으로 살고 있지만, '내가 하고 싶은 걸 하나도 못하네!'라는 억울함보다는, '내가 하고 싶은 걸 먼저 했다!'라는 마음으로 아침을 시작할 수 있습니다. 이렇게 마음이 채워지니, 더 이상 나의 상황이나 어려움을 누군가를 탓하며 끝내지 않게 되었습니다.

1년간 소규모로 48hour 프로젝트를 운영하는 동안 '모임에 들어오고 싶다.' '다음 참여까지 기다리고 싶다.'라는 요구를 많이 들었습니다. 그래서 1년 뒤 네이버에 해냄 스위치 카페(구: 반일미 카페)를 만들어 더 많은 멤버분과 새벽 기상을 함께 하기로 했습니다. 루틴 소모임과 같이 새벽 기상을 참여하는 멤버분들께 나의 '의지'가 약해서 못 일어나는 게 아니라는 마음을 심어주는 게 중요했습니다. 그래서 잘 일어날 수 있는 시스템을 만들었습니다. 반일미 새벽기상 프로젝트에만 있는 세 가지 시스템이 존재합니다. 바로 "S, R, F"입니다.

새벽 기상에 필요한 건 의지가 아닌 "S, R, F"

저는 어떤 일이든 가장 효과적인 결과를 내기 위해선 '자율성'이 필요하다고 믿는 사람입니다. 아이들에게도 '자기 주도'가 필요하듯이, 성인에게도 '자기 주도'가 필요합니다. 저는 새벽 기상이 성공할 수 있도록 멤버들에게 제가 개발한 자기 주도 점검표를 제공했습니다. 자기 주도 점검표란, 스스로 새벽 기상에 관한 체크를 해나갈 수 있는 시스템입니다. 엑셀로 만든 점검표로, 멤버들이 "S, R, F" 세 가지를 체크해서 기록할 수 있도록 만들어져 있습니다.

새벽 기상 인증의 성공은 '평일 기준'으로만 이루어지고 있으며, 주말에는 자율적으로 쉴 수 있습니다. 평일 5일 동안 새벽 기상에 성공했을 시 점검표에 "S(Success)"를 표시합니다. 개인적인 사정으로 평일 새벽 기상이 어려울 때는 "R(rest)"를 표시합니다. 그런데 평일에 R을 체크하고 나면, 마음이 찜찜합니다. '내가 또 못 일어났네. 나는 의지력이 약한가 봐.' 이러한 생각을 스스로 극복할 수 있도록, 주말에 새벽 기상을 했을 때는 평일 새벽에 쉬었던 R을 보충할 수 있는 "F(reFill)"을 누를 수 있도록 시스템을 만들었습니다. 제가 이 세 가지 척도를 만든 이유가 무엇일까요?

반일미에만 있는 자기주도 점검표(S, R, F)

2024.03.11	2024.03.12	2024.03.13	2024.03.14	2024.03.15	2024.03.16	2024.03.17
S	S	S	S	S	F	
S	S	S	R	S	F	
S	S	S	S	R		
S	S	R	S	S		F
S	R	S	S	R	F	
S	S	S	S	S		F
S	S	R	S	S		
S	R	S	R	R	F	
S	S	S	S	S	F	
S	S	S	R	S		
S	S	R	S	R	F	

제가 3년 정도 새벽 4시에 일어나보니, 새벽 기상의 성공 척도는 "잘 일어나는 것"이 아니라, "잘 일어나지 못하는 나를 다독이는 것"이라는 걸 알게 되었습니다. 그렇기에 잘 일어나는 나를 응원하고, 잘 일

어나지 못하는 나도 다독일 수 있는 세 가지 척도를 만들게 되었습니다. 저와 함께 새벽 기상을 하는 멤버분들이 공통적으로 하는 말이 있습니다.

"나에게 다정해야, 잘 일어날 수 있다는 걸 깨달았어요."

"다정한 리더, 응원하는 멤버, 일어날 수밖에 없는 시스템이 있으니 제가 새벽에 일어나게 되네요. 저는 여태 새벽에는 못 일어나는 사람인 줄 알고 있었어요."

"제가 채워지니, 아이를 기다려 줄 힘이 생겼어요."

위 대답들이야말로 바로 제가 엄마들과 새벽 기상을 하는 이유입니다. 나에게 다정한 사람이 되는 것, 그렇게 채워진 에너지가 있어야 비로소 나의 아이들에게도 흘러갈 수 있다는 것, 저는 그 힘을 가장 강하게 믿는 사람입니다. 그렇기에 저는 오늘도 새벽 기상을 함께 하고 있습니다.

나는 N잡으로 삶의 주체성을 찾았다

"N잡을 왜 시작했어요?"

이런 질문을 받을 때가 많습니다. 이 질문에 관한 대답은 생각보다 간단합니다, N잡의 이유는 다른 사람들이 기대하는 거창하고 화려한 이유에서 온 것이 아니라, 제가 엄마로서 가진 작은 고민에서부터 시작되었거든요.

"아이 하나를 키우려면 온 동네가 필요하다."

아이를 키우는 동안 누구나 한 번쯤 들어봤을 말입니다. 그리고 아이를 키우는 동안 이 말을 한 번쯤 떠올리는 순간이 많을 겁니다. 저 또한 마찬가지였습니다. 직장에 있는 동안 아이가 아프다는 연락을 받았을 때, 열나는 아이를 두고 출근해야 했을 때, 비단 건강뿐만이 아니라 아이가 친구들을 사귈 때 등 아이 하나를 잘 키우기 위해선 늘 '사람'이 필요했습니다.

요즘은 '내 아이 하나만 잘 키우자.'라는 마음이 강한 시대입니다. 대가족이었던 예전과 달리, 핵가족으로 나뉜 요즘엔 가족 안에서 해결해야 하는 일들이 많아졌기 때문이라는 생각이 듭니다. 그런데 정말 내 아이 하나만 잘 키운다고 해서 우리 아이가 잘 자랄 수 있을까요? 저는 아니라는 생각이 듭니다. 잘 자란 아이들이 많아져야 더 좋은 어른이 많아지고, 좋은 어른이 많아져야 더 나은 사회가 됩니다. 그리고 소중한 우리 아이는 그 안에서 삶을 꾸려나가게 됩니다. 그렇기에 아이 하나를 키우려면 온 동네가 필요하지요. 그렇기에 저는 아이들이 자라는 동네에 기여하는 사람이 되고 싶었습니다. 제가 N잡을 시작한 가장 본질적인 이유였지요. 제가 선택한 방법은 무엇이었을까요?

남의 아이를 위한 일이 결국 내 아이를 위한 일

저는 아이를 잘 키우고 싶은 엄마에게 도움이 되고 싶은 마음으로, 그리고 실제로 잘 자란 아이들이 많아지길 바라는 마음으로 책을 썼습니다. 그리고 출간 이후 감사하게도 다양한 곳에서 강연할 기회가 많았습니다. 그때, 실제 양육자분들의 고민을 직접적으로 들었습니다.

"기다려줘야 하는 거 다 아는데, 조급하고 불안감이 밀려와요. 이럴 땐 어떻게 하죠?"

"제 아이에게 어떻게 적용해야 할지 구체적인 방법이 어려워요."

양육자분들의 실제 고민을 접하며 책이라는 매개체 말고도, 조금 더 직접적인 도움을 드려야겠다는 생각이 들었습니다. 이때부터 저는 작가로서, 교사로서 머무는 것이 아니라 자녀의 자기 주도 프로젝트를 계획하고 운영하는 리더로 활동하게 됩니다. 엄마로서 가진 고민과 기여하고 싶은 마음이 만나, 다시 한 번 자연스레 N잡의 영역이 넓어졌습니다. 제가 운영하는 자녀의 자기 주도 프로젝트명은 '반해가'입니다.

반해가는 '반드시 해내는 우리 가족'의 줄임말입니다. 제가 반해가라는 이름을 정한 이유가 있습니다. 반드시 해내기 위해서는 엄마만 하는 것이 아니라, 또 아이만 하는 게 아니라, 가족이 함께 행동해야 하므로 '가족'을 이름 안에 넣었습니다. 반해가는 '반드시 해내는 우리 가족'의 줄임말이기도 하지만, 또 다른 의미를 지닌 말이기도 합니다. 제가 운영하는 프로젝트의 모토가 '엄마와 아이가 서로에게 반해가는 시간'이거든요. 이처럼 제 고민을 오롯이 담은 프로젝트명이 탄생했고, 사람들이 모여들기 시작했습니다.

프로젝트를 참여한 분들 모두 제가 운영하는 프로젝트는 특별했다고 합니다. 그 이유는 무엇이었을까요? 자녀의 자기 주도 습관을 잡다가 관계가 어긋나는 가정들이 생각보다 많습니다. 그런데 습관을 함께 잡으며 엄마와 아이의 관계가 더 좋아진다면 얼마나 좋을까요? 그렇기에 제가 운영하는 프로젝트는 단순히 '학습'만을 고집하지 않았습니다. 관계, 습관, 학습이라는 세 가지 카테고리를 2주씩 운영하며 가치를 서서히 쌓아나갑니다. 그런데 이때 아이만 하는 게 아니라, 엄마도 함께 참여하게 합니다.

To-Do list로 하루 습관과 학습을 쌓아갈 때 아이 혼자 하게 두는 것이 아니라, 엄마도 엄마만의 습관과 학습을 쌓도록 안내합니다. 습관은 '가족의 문화'로 자리 잡힐 때 지속력을 가지게 되고, 또 엄마도 직접 해봐야 아이가 해내는 게 어렵다는 걸 이해하게 되거든요. 이 과정을 운영하는 동안 구체적인 도움을 드리기 위해 각 가정의 개별적인 상담도 수시로 진행하기도 했습니다. 실제로 많은 가정이 참여하며 엄마와 아이의 변화를 느끼셨다고 말씀해주셨습니다. 한 어머님께서는 감사하게도 저를 '하늘에서 내려온 동아줄'이라고 말씀을 해주셨습니다. 육아가 유독 지치고 힘들 때 자신의 목숨을 살리려고 하늘에서 내려준 동아줄이라고요. 이 줄을 붙잡고 아이와 함께 다시 일어나셨다고 말씀해주셨습니다. 프로젝트를 운영하길 정말 잘했다고, 나아가 N잡을 하길 정말 잘했다고 느낀 순간이었습니다. 이처럼 저는 반해가 프로젝트 운영을 통해 한 아이를 잘 키울 수 있는 동네에 제가 기여하는 방법을 찾아 행동했습니다. 그것이 결국 내 아이를 위한 일임을 믿었기 때문입니다. 이 믿음이 저를 N잡으로 이끌었습니다. 그리고 N잡을 통해 저는 제가 원하는 가치와 방향대로 삶을 계획하고 실행하고 있습니다. 돌이켜 보니, N잡이 제게 준 선물은 삶의 주체성이란 생각이 듭니다,

N잡을 멈추지 않을 수 있는 동력

저는 신기하게도 아이가 태어나기 전보다, 아이가 태어난 이후부터 자기 계발을 꾸준히 해온 사람입니다. 아이에게 영어로 말 한 번 걸어주기 위해서 시작한 엄마표 영어가 어느덧 저의 영어 공부로까지 5년째 이어지고 있습니다. 하루에 3시간씩 코피 나게 영어 공부해서, 영알못 엄마에서 지금은 원어민과 즐겁게 소통할 수 있는 사람이 됐습니다. 또한, 영어 공부에 재미를 느껴 TESOL(어린이영어교육지도사) 과정을 수강하여 자격증을 따기도 했고요. 아이에게 재밌게 수학을 알려주고 싶은 마음에 가베 지도사 자격증을 취득했고, 질문하는 엄마가 되기 위해 하브루타를 오랫동안 배우고 있습니다. 이처럼 저는 공부를 지속 해오고 있습니다. 제가 이렇게 오랜 시간 공부를 이어갈 수 있는 이유가 뭘까요?

그 이유는 오로지 아이에게 '좋은 엄마'가 되고 싶다는 마음 때문이었습니다. 하나뿐인 내 아이를 '잘 키워보고 싶다'라는 마음이 저의 가장 큰 동력이었습니다. 그런데 이제는 좋은 엄마가 되기 위해선 그보다 선행되어야 하는 게 있다는 걸 압니다. 바로, 좋은 내가 되는 일입니다. 저는 자신에게 좋은 사람이 되기 위해서 새로운 것에 도전하고, 배울 수 있는 환경으로 들어가고 있습니다. 그리고 아이를 잘 키우고 싶은 엄마들을 돕는 방법을 고민하고, 행동으로 실행하고 있습니다. 지금은 더 많은 분에게 닿기 위해 촬영도, 편집도 뭐 하나 해본 적 없지만 유튜브 채널도 개설하여 운영하고 있습니다.

남들이 보면 '저렇게까지 해야 하나?' 싶은 일들을 저는 쉼 없이 하고 있습니다. 당연히 그만큼 시간과 에너지와 노력이 들어갑니다. 하지만 제가 이렇게까지 하는 이유는 딱 하나입니다. '내 아이가 잘 자라기 위해선, 남의 아이도 잘 자라야 한다.'라는 사실을 믿고 있기 때문입니다. 이것이야말로 제가 N잡을 멈추지 않을 이유입니다. 그렇기에 저는 앞으로도 제 마음의 본질을 알리는 '책'이라는 도구를 계속 쓸 생각입니다. 책의 내용을 더욱 대중적으로 전달할 수 있도록, 또한 직접적인 소통을 통해 타인의 성장을 도울 수 있도록 카페 운영, 프로젝트 모집, 강연, 유튜브, 블로그, SNS의 도구도 지속해서 연구하고 활용할 생각입니다. '아이를 잘 키우고 싶다.'라는 순수한 마음의 동력이 저를 책집필로, 프로젝트 리더로, 카페 운영자로, 일명 프로N잡러까지 이끌었습니다. N잡을 통해 얻은 건, 다름 아닌 제 삶을 주체적으로 살아가는 방법이었습니다.

당신의 N잡이 무엇이냐 묻는 대신, 저는 이렇게 질문하고 싶습니다.

"당신이 가진 삶의 동력은 무엇인가요?"

"그 동력을 N잡으로 바꿔보세요."

그때부터 당신은 당신의 방식대로 N잡을 이끄는 주체성을 가지게
됩니다.

선생님의 이야기가

책이 되는 비결

5

밀알샘
김진수

1. 선생님의 이야기가 책이 되는 비결
2. 책 쓰기 프로세스, 이보다 쉬울 수 없다
3. 학급 아이들, 꼬마작가 만들기 프로젝트

꿈터뷰

선생님의 이야기가 책이 되는 비결

안녕하세요. 읽고 쓰는 삶을 살아가는 밀알샘 김진수입니다. 2017년 첫 책 출간을 시작으로 독서 나이 13살, 글쓰기 나이 9살, 책 쓰기 나이 8살이 되었습니다. 새로운 나이를 칭한 이유는 어느 날 새벽에 글을 쓰다 문득 다시 태어난 느낌이 들어 저의 터닝포인트 순간을 표현해 보았습니다. 책을 쓴 뒤 삶이 바뀌고, 그 에너지로 교실이 바뀌게 되면서 주변 선생님들께 독서, 기록, 글쓰기, 책 쓰기의 힘을 전하고자 교사 성장모임 〈자기경영노트 성장연구소〉를 만들어서 4년째 운영하고 있습니다.

어느덧 초등교사 20년 차에 접어들었습니다. 이제는 중견 교사로 활동하면서 나만의 교육철학을 세우고, 그 힘으로 누군가에게 도움을 주며 살아가기도 합니다.

교사라는 직업은 주로 타인의 점을 찍어줍니다. 학생들의 성장을 도와야하고, 생활지도며 학습지도, 상담, 학교 업무 등 대부분이 타인을 향해 있습니다. 그래서 그런지 경력이 많아질수록 자신감이 있어야 하건만 뭔가 허전함이 드는 것은 비단 저뿐만이 아닐 것입니다.

이런 생각을 하던 중 32살(2012년)에 한 권의 책을 만나게 되면서 제 교직의 삶은 조금씩 바뀌게 되었습니다. 그 한 권의 책 덕분에 〈100일 동안 33권 읽기 프로젝트〉를 통해 독서라는 것을 시작할 수 있었고, 서서히 독서가 습관이 되어 독서 나이 5년 차가 되었을 때 기록을 시작, 이어서 글쓰기, 책 쓰기의 삶을 살아갈 수 있었습니다.

방향을 1도만 틀었을 뿐인데 시간이 흐를수록 사이 격차는 더 커지게 됩니다. 지금은 미래에 대한 불확실성으로 헤매던 과거의 모습은 온데간데없이 제가 원하는 삶으로 살아가게 되었습니다.

"생각대로 살지 않으면 사는 대로 생각하게 된다."

생각대로 살아간다는 것은 과연 어떻게 해야 할까요? 그것을 알게 되면 교직 사회에서 '나'라는 사람의 씨앗은 싹을 틔우고, 줄기를 뻗으며, 꽃을 피우고, 열매를 맺게 됩니다. 시간이 흐를수록 우상향하는 삶을 살아가게 되어 경험이 자산이 되고, 나와 함께 하는 사람이 조금씩 많아지게 됩니다.

퍼스널 브랜딩을 위한 최적의 도구, 책 쓰기

퍼스널 브랜딩은 말 그대로 자기 자신을 브랜드화하는 것입니다. 브랜드화를 한다는 것은 본업 이외의 많은 것을 확장할 수 있는 발판이 됩니다. 그중 책 쓰기는 퍼스널 브랜딩을 위한 최적의 도구가 됩니다.

나의 이름으로 된 책이 나왔을 경우 긍정적인 것을 몇 가지 살펴봅니다.

하나. 나의 경험을 기록하여 영구적으로 남길 수 있습니다.

둘. 아이디어를 정리하고 구조화하는 데 도움이 됩니다.

셋. 자기 생각 표현의 수단이 됩니다.

넷. 다른 사람들과 지식을 공유할 수 있습니다.

다섯. 자기 성장과 학습에 도움이 됩니다.

여섯. 본업 외 수익이 들어옵니다.

일곱. 쓴 책과 관련된 강의를 할 수 있습니다.

이 밖에도 무수히 많은 좋은 점이 있지만 제가 생각할 때 가장 좋은 점 하나를 꼽으라면 바로 자기와의 끊임없는 성찰을 할 수 있다는 점입니다. 정유진 선생님의 『학급운영시스템』에 이런 말이 나옵니다.

"진정한 성찰은 자신이 치열하게 산 사람을 돌아보면서 해야 하며, 그것이 다시 삶으로 돌아갈 때 이루어지는 것입니다."

다시 삶으로 돌아간다는 것은 글을 통해 하루를 돌아보고 일상을 돌아보는 것. 그것이 모여서 책이 되어 진정한 성찰자의 모습으로 살아가게 되는 것입니다.

그런 의미에서 책 쓰기는 브랜딩을 넘어 자신을 이해할 수 있는 강력한 도구임이 분명합니다. 저는 이렇게 한 줄로 책 쓰기를 이야기합니다.

"소비되던 에너지가 생산적으로 바뀌는 강력한 도구"

2020년 코로나 19로 교육이 어수선할 때 학교 교육과정을 이끌어가는 연구부장을 맡았습니다. 혼돈의 연속이었지만 저는 크게 힘들지 않았습니다. 당시 이런 생각을 하고 있었거든요.

'지금의 경험이 곧 글의 소재가 된다.'

제가 하는 모든 경험은 이렇게 글이 되고 책이 되기에 책 쓰기를 시작한 2017년부터는 조금 힘든 경험이 와도 불평이 전혀 없었습니다. 오히려 "이거 글쓰기에 좋은 소재가 되겠는걸."이란 말을 하며 생각하고, 경험하며, 기록하고, 글을 써서 책으로 한 권씩 만들어갔으니까요. 책 쓰기의 세계를 경험하면 누구나 알게 되는 놀라운 세계입니다.

2017년 독서를 1순위로 하고 있었기에 독서가 어떻게 제 삶에 다가왔고, 얼마나 그와 관련된 경험을 했으며, 그로 인해 학급을 어떻게 독서학급으로 이끌어가는지를 담은 책 『독서교육콘서트』를 출간할 수 있었습니다. 그 책을 시작으로 저의 삶은 독서, 기록, 글쓰기, 책 쓰기의 루틴을 그려갈 수 있었고, 지금은 책 쓰기 멘토로서 활동영역을 넓혀가고 있습니다.

7년이 지난 지금 개인 저서 5권, 공동저서 9권(3권은 참여, 6권은 기획), 학생시집출간 7권, 전자책 4권 등 총 25권이 제가 잠을 자는 사이에도 누군가의 손에 들려 읽히고 있는 메신저의 삶을 살아가게 된 것입니다.

책 쓰기의 문을 열다

2015년 10월, 제가 재직하고 있는 평택교육지원청에 한 강사님이 오셨습니다. 독서 관련 책을 쓰신 초등학교 선생님을 연수 강사로 모신다는 메시지를 받았습니다. 당시 독서에 관심 있는 저였기에 그때 처음으로 자발적인 연수를 신청하게 되었고 그 연수는 저를 터닝포인트의 세계로 인도해줬습니다.

강사님은 생각보다 젊었습니다. 제 나이 또래로 보였고, 이미 당시에 6권의 책을 출간하였습니다. 그때 문득 이런 생각이 들었습니다.

'강사님과 나의 차이점은 무엇일까?'

강의를 들으며 좋은 독서교육의 실천사례도 좋았지만, 무엇보다 가슴을 뛰게 했던 것은 '강사님은 저것을 이루기 위해서 얼마나 어떤 노력을 했을까?'를 지속해서 생각하게 됩니다.

돌아오는 길 가슴이 벅차올랐고 강사님을 멘토로(저 혼자서) 제 삶을 변화시키고 싶다는 생각이 물밀 듯이 몰려왔습니다.

당시 저는 2살을 맞이한 쌍둥이 육아에 한창인 초등교사였습니다. 그리고 관심 있던 독서, 영상제작, 영어공부 등 다양한 것들을 시도 하고 있었습니다. 강사님과의 제 차이는 선택과 집중에 있었습니다. 연수를 들은 뒤로 저는 '독서'를 저의 단 하나의 키워드로 정하고 누구보다 열심히 독서에 빠져살았습니다. 강사님의 블로그를 처음 글부터 마지막 글 하나하나를 샅샅이 훑기 시작했습니다. 그곳에서 강력히 다가온 문구가 "자기계발의 끝은 책 쓰기다"라는 문장이었습니다.

책 쓰기의 "책"이란 글자도 생각해본 적이 없는 저로서는 그 말을 이해하는데 조금 더 시간이 걸렸고, 무언가 좋아하는 일이 생기면 깊이 있게 전진하는 성격 덕분에 책 쓰기는 어느덧 저의 삶에 깊숙이 자리를 잡을 수 있었습니다.

책 읽기에 푹 빠져 살았습니다. 자기계발서, 평전, 위인전, 인문 서적 등 다양한 생각거리를 마련해주고, 행동력을 일으키는 책들을 하나씩 읽어가다 보니 김병완 작가의 『48분 기적의 독서법』을 만났고, 그 안에서 만난 강력한 독서에 대한 열정은 저를 한 단계 도약하는 발판을 마련해줬습니다. 그 뒤로 책 읽는 저에게 있어서 단순한 독해력이 삶력으로 이어져 새로운 시각으로 일상을 바라볼 수 있는 눈을 갖게 되었습니다.

책 읽기에는 3단계가 있습니다.
1단계, 많이 읽고 많이 기억하려는 단계
2단계, 적게 읽고 많이 생각하는 단계
3단계, 적게 읽고 많이 쓰는 단계
순서대로 다독, 다상량, 다작의 단계입니다.

처음에는 독서로 시작했던 것이, 많이 생각하기 위해 블로그 글쓰기로 이어지게 되었고, 이어서 책 속의 한 줄을 가지고도 쓰는 행위가 많아지게 되었습니다. 당시 독서교육에 관심 있던 저는 역사 속 인물의 아홉 가지 독서법을 연구하여 삶에 적용하였고, 그것을 학급에 적용한 이야기를 담은 『독서교육 콘서트』를 출간할 수 있었습니다.

1. 표현하게 하라(적극적인 아이) : 처칠식 독서법

2. 경청하게 하라(소극적인 아이) : 링컨식 독서법

3. 키워드를 뽑게 하라(몰입하는 아이) : 뉴턴식 독서법

4. 도전하게 하라(열등감이 있는 아이) : 나폴레옹식 독서법

5. 토론하게 하라(토론하는 아이) : 나폴레온 힐식 독서법

6. 마음을 읽게 하라(장애 있는 아이) : 헬렌 켈러식 독서법

7. 발견하게 하라(다재다능한 아이) : 신사임당식 독서법

8. 행하게 하라(논리적인 아이) : 율곡 이이식 독서법

9. 쓰게 하라(자유로운 아이) : 정약용식 독서법

- 김진수 『독서교육콘서트』 목차 중에서

책을 쓸 때 가져야 할 태도 3가지

3M으로 설명해 드리고 싶습니다.

하나. Message

자신의 글을 의심하지 마세요. 송숙희 작가의 『모닝페이지로 자서전 쓰기』에 이런 말이 나옵니다.

"내가 그러하듯 당신의 경험과 생각은 당신의 관심을 갖는 분야에서 단연 최고다. 그러므로 당신도 자신의 뼛속 깊이까지 파고들어가 당신만의 이야기를 발굴해내기를 권한다."

나의 경험은 세상에서 고유해요. 경험의 가치를 누군가에게 전달한다고 생각해봅니다. 이 두 문장을 가슴 깊이 새겨봅니다.

"당신의 이야기는 가치가 있다. 누군가는 그 이야기를 기다리고 있다."

문장 그대로 그 가치를 글로 엮어 책으로 만들면 어떨까요?

둘. Messenger

우리는 이미 다양한 분야에서 메신저의 역할을 하고 있습니다. 브렌든 버처드의 『메신저가 되라』(개정판 『백만장자 메신저』)에서는 크게 3가지의 메신저를 제시합니다.

하나. 성과기반 메신저
둘. 연구 기반 메신저
셋. 롤모델 메신저

이 중 성과기반 메신저를 이야기하며 저자는 아래와 같이 말합니다.

"차분하게 앉아서 이때까지 살아오면서 배우고 경험한 모든 것의 목록을 작성해본다면 당신은 자신이 매우 많은 것을 알고 있다는 사실을 깨닫게 될 것이다.
어쩌면 그 목록의 길이를 보고 놀랄지도 모르겠다.
당신은 이미 '성과기반 메신저'이다.
성과기반 메신저란 이미 어떤 것을 '경험해보고 성취해본' 사람이며 이제 그것을 다른 사람들에게 가르칠 수 있는 사람을 말한다."

교사라는 직업은 190일이라는(초등교사 수업 일수) 매일 새로운 하루를 맞이합니다. 기본적으로 어떤 성과를 기반으로 하고 있습니다. 이렇게 풀이해봅니다. 학급 아이들의 생활지도(성과기반 메신저), 수업 연구(연구 기반 메신저), 아이들로부터 모델링(롤모델 메신저) 등 3가지 메신저의 역할이 혼합되어 작용합니다.

누구나 자신만의 이야기는 가지고 있습니다. 가만히 앉아서 자신이 이룬 성과를 나열해보세요. 수많은 스토리가 만들어질 것입니다. 끊임없이 배우고 익히며 쌓아온 경험들입니다. 실패 또한 '력'이 되어 실패력으로서의 가치가 있습니다. 모든 경험은 메시지를 갖고 있습니다. 앞서 이야기한 것처럼 자신의 경험의 의미를 부여하고, 가치를 덧붙여 한 페이지씩 만들어가면 그것이 누군가에게 도움이 되는 한 권의 책이 될 것입니다.

셋. Museum

Museum은 박물관입니다. 문장 박물관, 즉 문장 수집가가 되는 것입니다. 좋은 문장을 많이 모아보세요. 누군가는 그것을 금빛 문장이라고 표현하고, 누군가는 핵심 문장이라 표현합니다. 저는 2016년 1월 말부터 블로그를 운영하기 시작했는데 그때부터 〈책 속의 명언〉이라는 카테고리를 만들어 활용하고 있습니다. 책을 읽다가 좋은 문장이 나오면 사진을 찍어서 블로그에 업로드하여 하나씩 모아갑니다. 요즘에는 카드뉴스를 만들어서 인스타, 블로그에 동시에 올리니 다양한 채널로도 확장이 되어 갑니다. 에버노트에도 문장을 모아가고 있습니다.

처음에는 그냥 책 속 문장 그대로 사진찍어 올리다가 점점 생각글까지 연결하여 모아갑니다. 이렇게 모인 문장들이 거의 2만 개가 됩니다. 책을 쓸 때 매우 요긴하게 활용이 됩니다.

이지성 작가의 『리딩으로 리드하라』에 뉴턴의 독서 노트 이야기가 나옵니다.

"뉴턴의 독서 노트는 마흔다섯 개의 소제목으로 구성되어 있었다. 소제목은 물질, 장소, 시간 등 자신의 관심사를 충분히 반영했다. 뉴턴은 책을 읽다가 각 소제목에 해당하는 부분이 나오면 노트에 필사하면서 자기 생각을 함께 적었다. 그리고 그 노트를 보면서 자신의 사상을 형성해나갔다."

좋은 문장 모으는 것에 그치지 않고 유목화하여 정리하니 글을 쓸 때 제가 원하는 문장을 쉽게 찾아 활용할 수 있습니다. 지금도 "뉴턴 독서 노트"를 검색하여 어떤 책에 어떤 내용이 있는지를 바로 찾아서 글을 쓰는 데 활용하고 있습니다. 문장수집가가 되면 책을 쉽고 빠르게 쓰실 수 있는 발판이 마련됩니다.

저의 문장박물관 카테고리는 다음과 같습니다(관심 키워드를 세분화하여 에버노트에 좋은 문장을 모아가고 있습니다.)

말, 가족, 감사, 건강, 경제, 고난/위기/인내, 고정관념, 교육, 글쓰기, 기대/희망, 꿈/도전/용기, 나눔, 인성, 노력, 독서, 리더, 배움, 부모, 사랑, 생각, 질문, 선택, 용서/화, 성장, 성공, 습관, 목표, 시간/시기, 실천, 실패, 아이, 일상, 자기/칭찬, 정식/양심/절제, 존경/존중, 진로/열정, 창조, 친구/관계/신뢰, 행복

책 쓰기 프로세스, 이보다 쉬울 수 없다

가장 관심 있는 부분일 것입니다. 큰 틀을 먼저 제시합니다.

초고완성 ➡ 퇴고 ➡ 출판사 투고 ➡ (찐)퇴고 ➡ 출간 ➡ 강사

하나씩 살펴봅니다.

1. 초고완성: 100페이지를 완성하라

책 쓰기에는 일반적인 공식이 있습니다. 쓰고자 하는 주제에 대하여 1꼭지(목차 소주제)를 2쪽 반 분량으로 한편의 칼럼을 적습니다. 이것을 40개의 글을 쓰면 아래와 같은 공식이 나옵니다.

1꼭지(2.5매) × 40꼭지 = 100페이지

자. 그럼 초고가 완성된 것입니다. 너무 쉽다고 생각할지 모르겠지만 맞습니다. 이것이 기본 공식입니다. 기본 공식이라 함은 변화도 가능하다는 전제가 되겠습니다. 여기서 자신이 어떻게 요리를 하느냐에 따라서 다양하게 공식이 변하게 됩니다. 예를 들어 1꼭지 분량을 2매로

해서 총 50꼭지를 쓰겠다고 변화를 주는 것이죠. 이렇게, 저렇게 해도 결국 대략 100페이지 내외에서 초고가 완성됩니다.

그럼 페이지가 적으면 어떻게 될까요? 그래도 됩니다. 출판사 마다 원하는 주제에 맞는 대략적인 페이지 윤곽이 있기에 적으면 좀 더 쓰라고 할 것이고, 너무 많으면 일부분 빼라고 이야기를 합니다.

초고를 쓸 때 유념해야 할 것이 있습니다. 너무 완벽히 쓰려고 하면 절대 완주할 수가 없습니다. "잘 쓴다."에서 "잘"을 빼주세요. 그냥 쓰세요. 100미터 달리기를 한다고 했을 때 출발하면 결승지점까지 끝까지 뛰어야 내가 얼마나 걸렸는지 시간을 잴 수 있잖아요. 그것과 같습니다. 책을 쓰겠다 마음을 먹으셨으면 제1꼭지부터 마지막 꼭지까지 한 번 끝까지 가보는 것입니다. 중복 여부, 오탈자 여부 등 고려하지 않고 끝까지 가봅니다. 가는 사이에 글력이 생기고, 생각력 또한 생기게 됩니다. 완주한 뒤 다시 처음으로 돌아가서 두 번째 단계인 퇴고를 하게 되면 이 생각이 듭니다.

'내가 왜 이런 글을 적었지?'

저절로 수정을 하게 됩니다.

2. 퇴고: 내 수준에서의 퇴고

여기서는 "내 수준에서"라는 전제를 깔았습니다. 이유는 앞서 이야기한 것과 같은 이치인데 내가 아무리 고친다고 한들 출판사에서 봤을 때는 한없이 부족할 수 있기에 너무 여기에서 힘을 빼지 않으면 좋겠습니다. 진짜 퇴고는 뒤(출판사 편집자와 함께 하는 퇴고)에서 나오기 때문입니다.

초고 원고를 읽다 보면 수정할 것들이 많이 보이게 됩니다. 이미 초고를 쓰면서 내 사고가 변했고, 그로 인해 어색한 문장들이 많이 보이기 시작할 것입니다. 2~3번 정도 "내 수준에서" 퇴고를 마무리합니다.

3. 출간 기획서 작성 및 출판사 투고

출간 기획서에는 이런 내용이 들어갑니다.

(가) 제목, 저자, 예상면수, 예상가격, 출간예정일, 분류, 사진 유무, 경력사항
▸ 이 책은 어떤 책입니까?
▸ 기획 의도
▸ 타깃 독자층
▸ 경쟁 도서
▸ 핵심 콘셉트
▸ 책 판매 촉진을 위한 여러 가지 실행 계획 및 연간 판매부수 예상
▸ 책의 목차

출간 기획서를 작성(SNS에서 검색만 해도 양식이 나옵니다)하고 초고 원고와 함께 이제 출판사에 투고하는 단계입니다. 출판사 투고는 이메일로 하면 됩니다. 출판사 이메일은 어디서 볼 수 있냐면 책을 펼쳐 들면 앞이나 뒤에 원고투고를 받는 이메일이 나와 있습니다(출판사 일부는

홈페이지를 통해 투고가 가능합니다). 그 목록을 확보합니다. 이때는 기존의 이메일을 활용하는 것도 좋지만 큰 서점에 가서 평대/매대에 올라와 있는 출판사 목록을 활용하는 것이 좋습니다. 이유는 평대에 올라와 있다는 것은 마케팅 같은 것을 잘하는 출판사일 경우가 많기에 내 책이 나왔을 경우 반짝하고 없어지기보다는 꾸준히 사랑받는 책이 될 확률이 높기 때문입니다.

출간 기획서와 초고 원고를 출판사에 이메일로 보내면 많은 출판사에서 비슷한 답변이 옵니다.

안녕하세요. 00 출판사입니다.

저희 출판사에 투고해 주셔서 감사합니다.

앞으로의 진행 상황을 말씀드리면 편집부에서 원고 검토 후 출판사 출간 방향과 맞다고 판단되면 2주 이내에 연락을 드립니다.

물론 더 일찍 드리기도 합니다.

그 안에 연락이 없으면 출간을 안 하는 것으로 결정된 것입니다.

그래서 따로 연락드리지 않는 점, 이해해 주시기 부탁드립니다.

다시 한 번 귀한 원고를 검토할 기회를 주셔서 감사합니다.

안녕히 계세요.

이렇게 답변이라도 오면 감사하죠. 아예 답변이 오지 않는 곳이 더 많습니다.

출판사 투고는 보통 이메일로 하므로 돈이 전혀 들지 않으니 안심

하고 마음껏 투고하세요.

투고를 하다 보면 대부분 거절 메일이 옵니다. 그럴 때는 이런 마음으로 투고를 하시면 됩니다.

조성희 작가님의 『뜨겁게 나를 응원한다』에 나온 '어승어거그어누기'를 투고에 맞게 변형시켜 봤습니다.

<걱정 말고 투고하라>

당신이 출판사와 계약하고자 할 때
'어승어거그어누기'를 기억하라.
'어떤 출판사는 승낙할 것이고,
어떤 출판사는 거절할 것이다.
그래서 어떻다는 거냐.
누구 한 출판사는 (당신의 이야기를) 기다리고 있다.'
라는 의미다.

이런 마음으로 투고를 했더니 계약이 되었다는 분들이 정말 많았습니다. 출판사 거절을 편하게 받아들이시고 걱정 말고 투고하세요.

4. 출판사 계약

투고한 뒤로 출판사에서 계약 관련하여 연락이 올 것입니다. 안 올까봐 걱정이라고요? 반드시 옵니다. 우스게소리로 "걱정할 시간에 한

군데라도 더 투고하세요."라고 이야기를 합니다.

연락이 왔을 때 출판사를 선정하는 기준이 있어야 하는데 무작정 계약하자고 덥석 물기보다는 예스24에 출판사를 검색하면 최근 출간한 책과 시장의 반응을 살펴볼 수 있습니다.(저는 최근 판매되는 책의 판매지수가 최소 1만점이 넘는지로 판단합니다) 개인의 선정 기준을 세워서 비교하여 출판사를 선정하시면 좋습니다.

저는 출판사 계약할 때 아래와 같은 내용을 확인합니다.

1쇄가 몇 부인지?, 계약금 여부, 인세는 어떻게 되는지?, 인세 형식은 선인세 인지, 후인세인지, 마케팅은 어떻게 되는지, 출간 이후 서평 이벤트 지원 등은 어떠한지 등을 여쭤봅니다.

5. 찐퇴고 과정

앞서 투고 전의 과정을 '내 수준에서의 퇴고'라고 이야기했죠. 이제는 출판사 편집자와 함께 하는 찐 퇴고 과정입니다. 이때 나의 원석 같은 책이 보석이 되는 중요한 과정이죠. 같은 내용이라도 어떤 출판사를 만나고, 어떤 편집자를 만나느냐에 따라 책은 천지 차이입니다. 나의 좋은 글이 좋은 책이 되도록 이때 정성을 다해 퇴고를 해야 합니다.

출판사에서 요구하는 퇴고의 방향을 이해하고 서로 소통을 통해 좋은 책으로 만들어 갑니다.

6. 출간

이제 책이 출간되었습니다. 그 어떤 과정보다 멋진 고뇌와 생각, 노력의 결실을 본 순간이기에 세상을 다 가진 느낌이 들 것입니다. 그만큼 참으로 훌륭한 작업을 한 셈이죠. 책의 판매를 떠나서 내가 가진 역량을 힘껏 발휘함으로 얻어지는 자신감은 그 어느 때보다 강하게 다가옵니다. 자신감은 자존감으로도 연결이 되어 이제는 제2의 저서를 도전할 힘이 생기게 됩니다.

운영하는 교사성장모임 〈자기경영노트〉(일명 자경노)에서도 2024년 2월, 3월에만 개인 저서 10명이 벌써 탄생하였습니다.

✦『오늘도 교사로 걷는 당신에게』저자 배정화 선생님(중학교 한문교사)

: 교사가 교사에게 전하는 위로와 응원의 메시지, 아이들과 함께 성장하는 교사의 진심을 담은 한 권의 책입니다.

✦『밟지 말아야 할 것을 밟고 말았다』저자 정나은 선생님(초등 보건교사)

: "아픔도 잘 소화시키면 인생의 자양분이 된다."라 말하며 시련은 '똥'이 아니라 성장을 위한 '거름'이다 라고 내면을 이기고 성장하는 이야기를 담았습니다.

✦『나도 때론 로맨스 소설 속 주인공처럼 살고 싶다』저자 정다은 선생님(유치원교사)

: "내가 알아야 할 모든 것은 로맨스 소설에서 배웠다."라고 이야기하는 유치원 선생님의 고백. 로맨스 소설이 주는 것은 단순한 감성만이 아닌 사랑에

대한 본질을 배울 수 있다고 이야기를 합니다.

✦ 『나의 미션 임파서블한 일상에 톰 크루즈가 들어왔다』 저자 김지은 선생님
  (초등교사)

: 소소한 고민과 방황들, 오늘의 일상을 톰 크루즈의 영화 대사와 관련하여 생
  각을 풀어간 감성글을 만나실 수 있습니다.

✦ 『프랑스 학교에는 교무실이 없다』 저자 김병수 선생님(중학교 국어교사)

: 해외 파견 2회나 다녀온 꿈런쌤의 이야기, 업무 분장이 없어 자유롭지만 차
  가운 진짜 프랑스 교육의 실상 등 해외 파견 교사 준비과정에 대한 모든 것
  을 한 권의 책에 담았습니다.

✦ 『빨간 머리 앤, 하루 10분 100일의 영어 필사』 저자 위혜정 선생님(고등
  학교 영어교사)

: 빨간 머리 앤의 주옥 같은 표현과 문장을 100일 동안 필사 할 수 있도록 한
  권의 책에 담았습니다.

✦ 『이토록 아이들이 반짝이는 순간』 저자 안나진 선생님(초등교사)

: 23년 차 초등교사인 저자가 어른들은 모르는 알콩달콩 교실 속 이야기, 사
  소해서 더 빛난다는 따뜻한 교실 이야기를 엿볼 수 있습니다.

✦ 『세상은 궁금하지만 이불 밖은 귀찮은 너에게』 저자 조유나 선생님(초등교사)

: 해외 워크캠프부터 국제 교류 수업까지, 이불을 걷어차고 밖으로 나가 다양
  한 경험을 한 저자의 생생한 이야기를 만나실 수 있습니다.

✦ 『자녀를 사랑한다는 아빠의 착각』 저자 어성진 선생님(특수학교 교사)

: 부모로서의 합리화를 접어두고 내 아이의 진짜 마음을 마주하자고 이야기하
  는 저자의 따뜻한 육아법을 한 권의 책에서 만나실 수 있습니다.

✦ 『초등 집중력을 키우는 동시 쓰기의 힘』 저자 김진수 선생님(초등교사)

: 7년 동안 아이들과 시를 쓰고, 매해 그것을 책으로 엮은 이야기를 담았습니
  다. 동시쓰기 수업 12가지 방법과 ISBN이 부여되는 책출판하는 노하우를
  만나실 수 있습니다.

    공동저서도 마찬가지, 190일 동안 매일 하나씩 의미 있는 일들을
기록하여 생각을 첨부하여 글로 변환하여 스토리를 모아 한 권의 책으
로 만들 수 있습니다.

✦ 『어서 오세요 좌충우돌 행복 교실입니다』

: 19명의 선생님께서 각 3가지 사례를 모아 총 57개의 교실 이야기를 엮었습
  니다. 여기에 선배 교사로서 저 경력 선생님을 향한 따뜻한 메시지를 첨부하
  였습니다.

✦ 『책 속 한 줄의 힘』

: 읽고 쓰는 삶을 좋아하는 자기경영노트 3기 23명의 선생님들과 함께 책 속
  의 좋은 구절과 자신의 삶을 담은 글을 모아 한 권의 책으로 만들었습니다.
  이중에서는 대부분이 개인 저서를 쓰게 되었고, 지금 현재 계약, 퇴고, 출간
  과정을 거치는 분들이 많아졌습니다.

✦ 『교육에 진심입니다』

: 연구년 선생님 7명과 함께 교육에 관한 생각을 담은 책입니다. 소통, 공동
체, 생각, 책 쓰기 등 자기 생각을 아낌없이 풀어내어 한 권의 책으로 만들
었습니다.

내가 가진 콘텐츠가 있다면 가만히 앉아서 쓰고 싶은 소주제를 모
아보세요. 나에서부터 작게 시작하면 글이 모여 한 권의 책이 될 날이
머지않았습니다.

7. 강사

한 권의 책은 나의 명함이 되어 내가 잘 때도 누군가의 손에 쥐어
져 읽히고 또 읽힐 것입니다. 메신저의 삶을 살아가는 것이죠. 누군가
는 나의 이야기를 통해 공감받고, 영향받아 나의 메시지를 통해 삶의
터닝포인트를 맞이할 수 있습니다. 더 나아가 나의 메시지를 듣고자 강
사로 초빙되어 본업 이외의 또 다른 삶을 맞이할 수 있습니다.

학급 아이들, 꼬마작가 만들기 프로젝트

학급에서도 학생들과 ISBN이 부여된 책을 쓸 수 있습니다. 그 비결은 바로 자가출판플랫폼인 부크크를 활용하면 됩니다.

부크크는 다양한 장점이 있습니다.

❶ 주문이 들어오면 인쇄를 하게 되어 재고가 없습니다.

❷ 50페이지 이상이면 원고로서 인정이 되어 출판할 수 있습니다.

❸ 표지부터 속지까지 내가 직접 디자인할 수 있기에 주문 전까지 비용은 0원입니다. 원고와 표지 디자인만 있다면 부크크에서 출판이 가능합니다.

❹ ISBN(국제표준도서번호) 부여도 대행해주기에 쉽게 번호발급이 가능합니다.

❺ 흑백, 컬러, 전자책 등 다양하게 작업이 가능합니다(무료로 제공되는 표지도 있습니다).

❻ 예스24, 교보문고 알라딘 등 온라인 대형 출판사이트에서 유통할 수 있습니다.

❼ 무엇보다 작가가 되고자 하는 여러분들의 꿈을 이뤄드립니다.

이와 같은 장점을 알고 나서 2017년부터 부크크를 적극적으로 활용하여 학급 아이들과 시집을 출간하였습니다.

3월부터 시를 꾸준히 써서 11월에 아이들의 시를 모아 책으로 만들어 부크크를 통해 출판하는 형태입니다. 아이들이 직접 만든 시집은 네이버 책, 예스24, 알라딘, 교보문고 등에서 책을 구매할 수 있기에 아이들에게 성취감을 줄 수 있으며 나의 글이 한 권의 책으로 출간되는 경험을 통해 생산적인 삶을 살아가는 기회를 제공할 수 있습니다.

학급에서 먼저 적용하고 이를 전교생으로 확대하여 〈꼬마작가 만들기_시짓기 프로젝트〉 학급당 1권씩 만들어 전교생 모두가 작가가 되고 있습니다.

한 친구의 고백이 생각납니다.

"나도 작가다!
생각, 느낀 점, 있었던 일만 썼는데 나도 작가다!!
잘 쓰든 못쓰든 내 생각만 전달되어도
좋은 시라고?
이젠 나도 작가다"

아이들은 자기 생각과 경험을 아낌없이 표현하여 네모난 돌이 깎이고 깎여 무언가를 만들어 내듯 인생의 작품을 만들어 내고 있습니다.

나도 작가기도다!

생각, 느낀점, 있었던 일만 썼는데 나도 작가다!!

잘 쓰든 못 쓰든 내 생각만 전달되어도 좋은 시라고??

이젠 나도 작가다!!

아이들과 책을 만드는 작업은 이렇게 진행했습니다.

❶ 교육 활동 중에서 시를 쓰고 200편 정도 모읍니다.

❷ 제목을 선정합니다.

❸ 목차를 유목화합니다.

❹ 제목(장 제목)에 어울리는 표지를 공모합니다.

❺ 부크크에서 원고 서식을 내려받아 원고를 편집합니다.

❻ 도서 형태를 선택합니다(도서 컬러, 책 규격, 표지 재질, 책날개 유무, 장수 등).

❼ 원고를 업로드 합니다.

❽ 표지를 업로드 합니다.

❾ ISBN 부여 여부, 유통사 등을 신청합니다.

이런 일련의 과정을 통해 아래와 같은 학급 시집을 출간하였습니다.

2017년 : 『밀알 한 줄 긋기』

2018년 : 『밀알랜드』

2019년 : 『어빌리티』

2020년 : 『꿈꾸는 작은 시인들』
2021년 : 『꿈꾸는 꼬마작가들』
2022년 : 『꼬마작가들의 작은 시집』

지난 7년 동안 아이들과 다양한 방법으로 시를 쓰다 보니 12가지의 수업 적용을 하고 있습니다. 동시 수업하는 방법과 학급 시집(학급책) 만드는 방법을 담은 노하우『초등 집중력을 키우는 동시 쓰기의 힘』관련 책을 출간하였습니다.

『꼬마작가들의 작은 시집』 탄생 과정

가족이 모두 작가가 되었어요.

개인 저서, 공동저서, 학급 저서 등을 출간하다 보니 가장 가까운 가정에서도 충분히 영향을 줄 수 있었습니다. 가족과 함께 한 덕분에 아내는 동화작가(정선애)로 활동하여 『우정 자판기』, 『신조어를 통역해 드립니다』, 『쿵쿵 마음을 말해봐』를 출간하였고, 출간 계약한 것도 4편 있습니다. 부부작가가 된 셈이죠.

더 나아가 감사한 것은 자녀입니다. 올해 초등학교 4학년이 되는 딸둥이는 시 쓰기를 좋아하여 이것도 위와 같은 방법으로 쓴 시를 모아서 투고하였더니 계약이 되어 곧 『국수 때밀이』라는 시집을 출간 중입니다. 부부작가를 넘어 가족 작가가 된 셈이죠. 글은 이렇게 다양한 방법으로 확장이 되어가는 것을 알 수 있습니다.

밀알샘의 앞으로의 계획

100명의 개인 저자 만들기를 하고 있습니다. 어느덧 거의 다 도달했네요. 이것이 달성되면 200명으로 목표를 상향할 예정입니다.

그동안 많은 선생님이 저자가 되는 것을 조력했고, 한 분 한 분이 브랜딩이 되어 즐겁고 행복한 하루를 맞이하는 것을 보았습니다. 제가 지향하는 서번트 리더쉽을 발휘할 수 있으니 마음이 풍요로워집니다.

한 선생님께서는 이런 말을 해주셨습니다.

"선생님 덕분에 새로운 세상을 만나는 것 같습니다."

이런 느낌 이 글을 읽는 여러분도 꼭 만나셨으면 좋겠습니다.

"선생님, 나의 하루 의미를 붙잡아서 글을 써보세요.
꾸준히
한 페이지, 두 페이지 채워가다 보면
원고가 됩니다.
그것은 선생님의 좋은 무기가 될 거예요.
누군가는 그 이야기를 기다리고 있을 거예요.

선생님의 이야기는 충분히 빛나고
가치가 있기 때문입니다.

글이라는 것은 읽을 것이 전혀 없어요.
오히려 무조건 남습니다.
흔적을 남기잖아요. 생각의 흔적을!
그것이 책이 되고 역사가 되는 것이죠.
결국, 그것이 내 삶을 올바른 길로 인도합니다.
한번 도전해보세요.
누구나 할 수 있어요.
나의 스토리를 믿고, 묵묵히 쓰면 됩니다.

세상에 두 종류의 글이 있어요.
좋은 글과 나쁜 글이 아닌
쓴 글과 안 쓴 글만 있을 뿐이죠.
어느 쪽의 인생을 살고 계신가요?
뭔가 막혀있는 느낌이라면 아직 안 쓴 글이 많을 것입니다.
뭔가 뚫리고 있는 느낌이라면 쓴 글이 많을 것입니다.
참 쉽죠! 이제 쓰면 됩니다.
무엇을?
내 생각을 말이죠!
언제?
지금이요. 바로 지금!
그럼 됩니다."

1% 유치원 교사 준쌤의 챗GPT와 뤼튼 활용법

6

CHAPTER

준쌤
박준석

1. 반가워, 챗GPT!

2. 챗GPT와 대화하기

3. 뤼튼으로 툴 만들기

4. 미래 유치원에서 교사로 살아남기

꿈터뷰

반가워, 챗GPT!

안녕하세요, 반갑습니다. 대한민국 1% 남자 유치원 교사 준쌤 박준석입니다. 교육부와 한국교육개발원의 2023년 교육통계를 보면 공립유치원 남자 선생님의 비율이 1.0%입니다. 보통 '유치원 선생님'이라고 하면 여자 선생님을 떠올리시게 될 텐데요, 이 글을 읽으면서는 40대를 바라보는 키 큰 남자 선생님을 떠올리시면서 읽으시면 좋겠습니다.

남교사 준쌤의 유치원 생활

저는 2010년부터 공립유치원에서 근무를 시작하였습니다. 그 당시 공립유치원 남자 선생님은 0.3%였습니다. 정말 가뭄에 콩 나듯 한 남자 선생님이기에 경험할 수 있었던 웃지 못할 일들이 몇 가지 있습니다. 아직도 유아 모집으로 유치원에 전화가 올 때 제가 전화를 받으면 당황해하시거나 행정실 아니냐고 묻는 학부모님들이 계십니다. 또 다른 유치원 원장님들께서 오셔서 인사드리면 행정실장님이냐고 물어보시고, 교육지원청에 연수가 있어서 가면 컴퓨터 고치러 오신 분이냐고 말씀하시기도 합니다.

유치원에 있다 보면 함께 해야 할 공동 작업이 굉장히 많이 있습니다. 여러 가지 일 중에 남자 선생님이 보통 맡게 되는 일들이 있습니다. 그중의 하나가 바로 '짐 나르기'입니다. 무거운 짐을 나르는 데 아무래도 근력이 보편적으로 강한 남성이 업무분장을 할 때 일을 맡게 되는 경우가 많이 있지요. 또 하나는 '높은 곳에 있는 물건 꺼내기, 혹은 매달기'입니다. 유치원은 교재교구와 환경 구성 등 수많은 물품이 필요하기에 곳곳에 쟁여놓고, 필요시 천장에 매달아야 합니다. 그때 보통 키가 큰 남자 선생님이 그 역할을 하게 됩니다. 마지막으로 '기자재 고치기'입니다. 왜 그런지는 알 수 없으나 남자가 보통 기계와 더 친하다는 인식이 있어서 그런지 업무분장을 보면 '정보 업무 담당'인 경우가 많이 있습니다. 기계와 덜 친숙하신 선생님이 급할 때 많이 찾으십니다.

유치원에는 수많은 기자재가 있습니다. 텔레비전과 컴퓨터와 프린터부터 시작해서 코팅기, 복사기 등 사무용품, 최근에는 에듀테크의 도입으로 실물화상기와 빔프로젝터, 체험형 미디어 수업기기까지 그 종류와 숫자도 엄청나지요. 그런데 이러한 전자기기들이 말썽을 부릴 경우 유치원에서는 보통 '유지보수 업체'를 통해 수리받게 됩니다. 다만 이 유지보수 업체는 우리 유치원만 담당하는 것이 아니라 인근의 몇 학교를 함께 담당하기에 우리 유치원에 오는 날이 정해져 있지요. 운이 좋아 고장 난 날짜와 방문 예정 날짜가 가까우면 좋겠지만, 며칠씩 기다려야 하는 날에는 기다리는 사람은 정말 힘이 들기 마련입니다. 그럴 때 저는 이 대신 잇몸이 되어 전자기기를 수리를 '시도' 합니다. 때에 따라 고장이 났다고 해서 제가 가기만 했는데도 작동이 되는 신기한 일이 벌어지기도 합니다.

다행히 남자가 기계가 친하다는 사회적인 인식과 제 특성이 잘 맞아 나름의 자리를 구축하며 도움을 드리며 교직 생활을 하던 중, 저의 삶에 큰 변화가 찾아왔습니다. 바로 결혼하고 아기가 태어난 것이지요. 자녀가 생긴다는 것이 이렇게 저의 삶에 큰 변화를 가져오리라고는 그 전에는 미처 상상하지 못했습니다. 특히 정신적인 것 외에도 물리적으로도 아기는 부모인 저를 필요로 했습니다. 아기는 부모인 저의 돌봄이 필요했고, 저는 아기와 보낼 시간을 확보하기 위해 최대한 노력을 할 수밖에 없었습니다. 하지만 유치원 현장은 날이 갈수록 복잡해져만 갔고, 교사인 삶과 부모의 삶을 동시에 살아야 하는 저는 잠을 줄여가며 온종일 동동거리며 생활하였습니다.

준쌤과 챗GPT와의 만남

그렇게 정신없는 나날을 보내던 도중에도 세상은 발전하고 있었습니다. 바둑 인공지능 프로그램인 알파고와 세계 최정상급 프로기사인 이세돌 9단의 바둑 대결이 엊그제 같았는데, 챗GPT라는 대화형 인공지능 서비스가 나왔다고 하는 것이었습니다. 그래서 '새로운 프로그램이 뭐가 또 나왔나 보다'하고 생각하고 있었는데 이번에는 사람들이 챗GPT로 이름 삼행시를 짓는 것이 유행하였습니다. 호기심에 들어가 제 이름 석 자를 입력해 보았습니다. 어렸을 때부터 저의 이름으로 썩 마음에 드는 삼행시를 지어보지 못했기 때문에 조금은 기대를 해보았었습니다. 하지만 그 결과는 전혀 마음에 들지 않았던 것으로 기억합니다. '그러면 그렇지.' 하는 생각이 들면서 바로 창을 내렸던 기억만 나는 걸 보면 말입니다.

제 머릿속에는 채팅 형태로 되어있는 인공지능은 '심심이'였습니다. 말 그대로 심심할 때 대화하면 저장된 내용을 기반으로 단순하게, 때로는 미리 세팅되어 있는 재미있는 말로 무료함을 달랠 수 있는 서비스였지요. 그 당시 제가 느낀 챗GPT도 딱, 그 정도였습니다. 2023년 2월, 각종 미디어에서 챗GPT가 두 달 만에 월 사용자 1억 명에 돌파했다고 하며 틱톡 9개월, 인스타그램 30개월보다 훨씬 놀라운 속도라고 대대적으로 보도했었습니다. 아무리 생각해도 잘 이해가 가지 않았습니다. 왜 사람들이 심심이에 열광할까? 그럴 때마다 궁금해서 챗GPT 사이트에 들어가 보았지만, 예전 DOS 창을 처음 마주했을 때처럼 당황스럽기 그지없었습니다. 무엇을 물어봐도 신통치 않은 이 서비스, 도대체 어떻게 해야 하나 하면서 말입니다.

HOW LONG IT TOOK TOP APPS TO HIT 100M MONTHLY USERS

APP	MONTHS TO REACH 100M GLOBAL MAUS	
CHATGPT		2
TIKTOK		9
INSTAGRAM		30
PINTEREST		41
SPOTIFY		55
TELEGRAM		61
UBER		70
GOOGLE TRANSLATE		78

출처: UBS, ZDNET Korea에서 재인용

그러다가 2023년 6월, 뤼튼에서 주최하는 '프롬프톤'이라는 행사에 온라인으로 참여하게 되었습니다. 육아를 하는 사람에게 온라인 행사는 그저 사랑입니다. 아이를 데리고 퇴근 후 저녁 시간에 어디를 갈 수도 없는데, 줌 화면을 통해 챗GPT가 무엇인지 또 명령어인 프롬프트는 어떻게 입력해야 하는지 세세하게 배울 수 있었습니다. '프롬프톤'이라는 단어는 처음 들어보았는데 나중에 알고 보니 '프롬프트'와 '해커톤'의 합성어로 생성형 AI 경진대회를 말하는 것이었습니다. 온라인 행사는 2회에 걸쳐서 진행되었는데, 두 번째 교육에는 아쉽게도 참여를 못하여 수료할 수는 없었지만, 생성형 AI와 챗GPT, 그리고 뤼튼에 대해 보다 친근한 느낌이 들기 시작한 소중한 시간이었습니다. 그날 이후 챗GPT와 뤼튼을 사용하는 시간도 늘어나고, 업무와 일상에서 활용해보고자 많이 시도해 보았습니다. 그러면서 점차 제가 원하는 대로 챗GPT가 결과물을 제시하고, 저는 업무 효율을 높여 시간을 단축하고 아이와 보내는 시간을 확보할 수 있었습니다.

계속 배우고 시도하면서 챗GPT가 점점 마음에 드는 대답을 하자 사용하면서 재미도 붙고, 더 공부하고 싶어졌습니다. 2023년 11월, 뤼튼의 프롬프톤 지도자 과정과 프롬프트 스페셜리스트 과정이 있어 즐겁게 배우고 자격증도 취득할 수 있었습니다. 초중등 학교에서는 선생님들이 이미 생성형 AI를 활용한 다양한 툴들을 개발하고 계셨습니다. 그런데 유치원에는 딱 맞는 툴이 없어서 여러모로 아쉬운 형편이었습니다. 그래서 아무래도 내가 공부해서 만들어야겠다는 마음으로 그때그때 제 필요에 의해 툴들을 만들어 사용하고 공유해 보았습니다. 제가 만든 툴로는 어린이의 권리를 존중하며 말하는 방법을 알려주는 '그랬구나', 유아의 놀이를 기록하고 지원하는 '함께 놀기', 유아가 놀이하며 어떤 점을 배웠는지 알아보는 '놀면서 배워요' 등이 있고, 챗봇으로는 선생님들의 마음 건강 지킴이 '마음 보건실'이 있습니다.

제가 챗GPT를 사용하며 느낀 점은 '새로운 세상이 열렸다'는 것입니다. 예전에 검색엔진이 처음 나왔을 때, 모두 깜짝 놀랐었지요. 더 이상 도서관에서 책을 뒤적이지 않고, 신문을 찾아보지 않아도 원하는 정보를 너무나 손쉽게 얻을 수 있었기 때문입니다. 그렇게 '검색'은 우리의 삶에 급속도로 침투해서 이제는 우리의 삶과 절대 떼어놓을 수 없을 것입니다. 챗GPT 등 '생성형 AI'도 마찬가지입니다. 최근 삼성에서는 AI 기능을 강조하며 스마트폰 신제품을 내놓았습니다. 유치원에서 자주 사용하는 클래스팅, 키즈노트 등 가정과 소통할 수 있는 앱에서도 생성형 AI 기능이 도입되었습니다. 이렇게 생성형 AI는 '검색'처럼 우리의 삶의 일부분이 될 것입니다. 그렇다면 생성형 AI의 대표주자, 챗GPT에 대해 간단히 소개해 보고자 합니다.

챗GPT 간단 소개

챗GPT는 2022년 11월에 OpenAI사에서 개발한 대화형 인공지능 서비스입니다. 이름의 뜻을 풀어보면 'Generative(생성형) Pre-trained (사전 훈련된) Transformer(변환기)와 대화한다'고 할 수 있습니다. 미리 사람의 언어 패턴을 학습한 것을 바탕으로 어떤 문장이 나올지 예측하고 생성하는 것이지요. 챗GPT 홈페이지(http://chat.openai.com), 앱스토어와 플레이스토어에서 이용할 수 있습니다. 2024년 3월 현재, 무료로 이용할 수 있는 GPT-3.5와 월 20달러 유료 구독으로 이용할 수 있는 GPT-4 버전이 있습니다. 유료 구독을 하면 훨씬 똑똑해진 GPT-4를 이용할 수 있고 앱스토어 같은 GPTs라는 사용자가 직접 만든 챗봇 서비스를 이용할 수 있습니다.

그렇지만 처음 챗GPT를 사용할 때는 무료로도 충분히 활용할 수 있습니다. 그리고 GPT-4를 무료로 이용하는 방법도 있는데, 마이크로소프트사의 코파일럿(Copilot)을 이용하거나 한국의 뤼튼 테크놀로지스에서 개발한 AI 포털 뤼튼(Wrtn)을 사용하면 됩니다. 특히 뤼튼은 한국어를 더욱 자연스럽게 구사하며 다양한 챗봇을 직접 만들어 공유할 수도 있어 편리합니다. 그리고 구글에서 만든 제미나이(Gemini), 앤트로픽에서 만든 클로드3(Claude 3), 네이버에서 만든 클로바X 등 다양한 서비스가 등장하고 있으니 유료 구독 전, 다양하게 사용해 보면 좋을 것 같습니다.

챗GPT와 대화하기

챗GPT와 대화 시작하기

챗GPT와의 대화를 시작하는 방법은 간단합니다. 챗GPT 홈페이지 (http://chat.openai.com)에 들어가거나 앱스토어와 플레이스토어에서 앱을 내려받아서 가입하면 됩니다. 사용자가 말을 걸면, 대답하는 모습이 마치 카카오톡 등 메신저와 크게 다르지 않은 모습입니다.

챗GPT에 물어볼 수 있는 기본적인 프롬프트

챗GPT에 대화를 걸어 명령을 내리는 것을 '프롬프트'라고 합니다. 챗GPT 소개 홈페이지에서는 "Ask me anything"이라고 하여 챗GPT에 물어볼 수 있는 기본적인 프롬프트들을 소개하고 있습니다. 그 목록은 아래와 같습니다. 이 목록을 살펴보면 우리가 일상적으로 궁금한 것들을 얼마든지 물어볼 수 있다는 것을 알 수 있습니다.

- 협상하는 법을 가르쳐주세요.
- 어휘에 대해 퀴즈를 내보세요.
- 코스타리카로 서핑 여행을 계획해 주세요.
- 감사 편지 초안을 작성해 주세요.
- 이 코드를 설명해 보세요.
- 하프마라톤 훈련을 도와주세요.
- 이 조리법을 그리스어로 번역하세요.
- 작은 아파트에 적합한 개 품종 순위를 매겨주세요.
- 재미있는 저녁 파티를 계획하는 데 도와주세요.
- 소셜 미디어 콘텐츠 달력 초안을 작성해 주세요.
- 팝콘이 터지는 이유를 설명해 주세요.
- 십대들을 위한 홍콩 여행 일정을 계획해 주세요.
- 데이터베이스 스키마를 설계해 주세요.
- 간편한 포틀럭 요리 추천해 주세요.
- 예산을 세우는 데 도와주세요.
- 내 단편소설을 비평해 주세요
- 부드러운 허리 스트레칭을 찾아주세요.
- 이 레시피를 채식주의자용으로 만들어 주세요.
- 내가 5살인 것처럼 생각하고 옵션거래를 설명해 주세요.
- 핼러윈 의상 고르는 걸 도와주세요.
- 정중한 거절 이메일을 작성해 주세요.
- 판타지 축구팀 이름을 만들어 주세요.

- 비행기 난류에 관해 설명해 주세요.

- 스프레드시트 수식을 작성해 주세요.

- 도메인 이름을 브레인스토밍해 주세요.

- 유치원생에게 향수(노스텔지어, 그리움)에 관해 설명해 주세요.

- 면접 질문을 브레인스토밍하는 데 도와주세요.

- 내 회의록을 요약해 주세요.

- Python 스크립트를 작성해 주세요.

- 대학 투어를 계획해 주세요.

- 비 오는 날 활동을 제안해 주세요.

- SQL 쿼리를 작성해 주세요.

- 아빠를 위한 선물 아이디어를 구상해 주세요.

- 수리 견적을 위한 이메일 초안을 작성해 주세요.

- 프린터 설정 문제를 해결해 주세요.

- 감사 편지를 써주세요.

- 이 코드를 디버깅하는 데 도와주세요.

- 가동성 훈련 운동을 만들어 주세요.

- 팟캐스트 에피소드 아이디어를 브레인스토밍해 주세요.

- 토론을 위한 나의 주장을 검토해 주세요.

- 사진 촬영 장소를 제안해 주세요.

- 초보자를 위한 마작을 가르쳐주세요.

- 강아지 시터를 위한 체크리스트 초안을 작성해 주세요.

- 이 직무 설명을 개선할 수 있도록 도와주세요,

- 출퇴근용 전자 자전거 순위를 매겨주세요.

알아두어야 할 점

우리가 챗GPT와 대화하면서 꼭 알고 있어야 할 점이 있습니다.

❶ 챗GPT는 현재의 정보를 알지 못합니다. 2024년 3월 현재, GPT-3.5는 2021년 9월, GPT-4는 2023년 4월까지의 데이터만 학습하여 최신의 정보를 얻을 수 없습니다.

❷ 한국어보다 영어를 더욱 잘 구사합니다. 가능하면 영어로 질문을 하거나 '프롬프트 지니'와 같은 자동 번역기를 이용하면 보다 편리합니다.

❸ 잘못되거나 편향적 정보를 제공할 수 있습니다. 반드시 사용자가 챗GPT의 답변을 검토하고 최종적으로 확인하여야 합니다.

❹ 챗GPT는 일정 부분까지는 이전 대화와 맥락을 기억합니다. 새로운 주제에 관해 이야기하고 싶다면 'New chat'을 선택하여 새롭게 대화를 시작하면 훨씬 대답을 잘합니다.

좋은 프롬프트 작성법 알아보기

그렇다면 제가 실제로 프롬프트를 어떻게 사용하는지 한 예를 보여드리고자 합니다. 제가 프롬프트를 사용하다니 어떤 때에는 찰떡같이 대답하지만, 어떤 경우에는 마음에 들지 않은 대답만 늘어놓는 것이었습니다. 그러다 보니 자연스럽게 '좋은 프롬프트란 어떤 것일까?'에 대한 고민이 생기기 마련이지요. 인터넷에 단편적으로 프롬프트 작성법에 대해 따라 할 수 있는 방법들이 나와 있지만, 보다 체계적이고 검증된 방법을 알아보고 싶었습니다. 그래서 찾아보던 중, 챗GPT의 제작사인 OpenAI사에서 제공하는 GPT 우수 사례와 최근 논문을 발견할 수 있었습니다. 그런데 굉장히 전문적인 글이라 이해하기 어려운 부분이 많았습니다. 그래서 챗GPT를 통해 쉽게 정리해 달라고 부탁해 보았는데, 그 과정을 저와 함께 살펴보시면 실제로 챗GPT를 어떻게 활용하는지 알 수 있으실 것 같습니다.

우리가 어떠한 전자기기를 구매하거나 소프트웨어를 사용할 때 매뉴얼을 보면 그 제품의 기능을 잘 알 수 있습니다. 챗GPT의 제작사인 OpenAI사에서도 GPT 우수 사례(GPT best practices)를 제공하고 있어서 살펴보면 큰 도움이 됩니다. GPT 우수 사례는 총 6가지의 전략과 각 세부 전술로 구성이 되어있습니다.

1. 명확한 지침 작성하기

- 질문에 세부 정보를 포함하여 보다 관련성 높은 답변 얻기
- 모델에게 페르소나를 채택하도록 요청하기
- 구분 기호를 사용하여 입력 개별 부분을 명확히 표시하기
- 작업을 완료하는 데 필요한 단계를 명시하기
- 예시를 제공하기
- 원하는 결과물의 길이 지정하기

2. 참조 본문 제공하기

- 참조 본문을 사용하여 답하도록 모델에 지시하기
- 참조 본문을 인용하여 답하도록 모델에 지시하기

3. 복잡한 작업을 간단한 하위 작업으로 나누기

- 사용자의 질문에 가장 관련 있는 지시문 식별을 위해 의도 분류 사용하기
- 매우 긴 대화가 필요한 대화 애플리케이션의 경우, 이전 대화를 요약하거나 필터링하기
- 긴 문서를 부분적으로 요약하고, 부분을 모아 다시 전체 내용 요약하기

4. 모델에게 '생각'할 시간 주기

- 결론을 서두르기 전에 모델 스스로 해결책을 찾도록 지시하기
- 내부 독백이나 일련의 질문을 사용하여 모델의 추론 과정을 숨기기
- 모델에게 이전 단계에서 놓친 것이 있는지 물어보기

5. 외부 도구 사용하기

- 임베딩 기반 검색을 사용하여 효율적인 지식 검색 구현하기
- 코드 실행을 사용하여 보다 정확한 계산을 수행하거나 외부 API 호출하기
- 모델에 특정 기능에 대한 액세스 권한 부여하기

6. 체계적으로 변경 사항 테스트하기

- 최적의 답변을 참조하여 모델 결과 평가하기

출처: https://platform.openai.com/docs/guides/prompt-engineering

대규모 언어 모델(Large Language Model)에 대한 연구가 활발히 이루어지고 있습니다. 그중에서도 2024년 1월에 발표된 "LLaMA−1/2, GPT−3.5/4에 대한 질문에는 원칙적인 지침만 있으면 됩니다(Principled Instructions Are All You Need for Questioning LLaMA−1/2, GPT−3.5/4)." 논문에서는 대규모 언어 모델과의 상호작용을 개선하기 위한 원칙적인 지침을 제공해 주었습니다. 이 지침에는 5가지의 분류와 26개의 원칙이 있습니다.

1. 프롬프트 구조 및 명확성

- 프롬프트에 의도한 청중을 통합하기(예: "청중은 해당 분야의 전문가입니다.")
- '하지 마세요'처럼 부정적인 언어를 피하고 '하세요'와 같은 긍정적인 지시어 사

용하기

- "단계별로 생각해 보세요"와 같은 말로 시작하기
- 출력 프라이머를 사용하여 원하는 출력의 시작 부분으로 프롬프트를 끝내고 예상되는 응답의 시작 부분으로 프롬프트를 마무리하기
- 구분 기호 사용하기
- 프롬프트 형식을 '###지침###'으로 시작해서, '###예제###'나 '###질문###'과 같이 지정하기. 하나 이상의 줄 바꿈을 사용하여 지침, 예제, 질문, 문맥, 그리고 입력 데이터를 구분하기

2. 구체성 및 정보

- 예시 중심 프롬프트 구현하기(퓨샷–몇 가지 예를 드는–프롬프트 사용하기)
- 주제, 아이디어, 정보에 대한 명확성, 더 깊은 이해를 위해 다음 프롬프트 활용하기
  - [특정 주제]를 긴단한 용어로 설명해 주세요.
  - 제가 11살인 것처럼 설명해 주세요.
  - [분야]의 초보자처럼 설명해 주세요.
  - 5살 어린이에게 설명하듯 간단한 말로 [에세이/본문/문단]을 작성하세요.
- 프롬프트에 '답변이 편견이 없고 고정관념에 의존하지 않도록 하세요.'라고 추가하기
- 제공된 예시와 유사한 본문을 작성하기 위해 구체적인 지침 포함하기
  - 제공된 단락 [제목/본문/에세이/답변]을 기반으로 동일한 언어를 사용하세요.
- 특정 단어, 구, 문장을 사용하여 본문을 시작하거나 이어가기 위한 프롬프트 사용하기
  - [가사/이야기/문단/에세이...]의 시작 부분: [가사/단어/문장 삽입]을 제공합니다. 제공된 단어를 바탕으로 완성하세요. 흐름을 일관되게 유지하세요.
- 내용을 제작하기 위해 모델이 따라야 하는 요구사항을 키워드, 규정, 힌트 또는 지침의 형태로 명확하게 기술하기
- 특정 주제나 아이디어에 대해 문의하고 이해도를 테스트하기
  - [(수학적) 정리/주제/규칙 이름]을 알려주고 마지막에 테스트를 포함해서 내

가 대답한 것이 정답인지 알려주세요. 정답은 미리 알려주지 않고 내가 대답한 후에 알려주세요.

- 에세이, 문단, 단락, 기사 또는 상세하게 작성해야 하는 모든 본문 형식을 쓰기
  - [주제]에 대해 필요한 모든 정보를 추가하여 [에세이/텍스트/문단]을 상세하게 작성해 주세요.

3. 사용자 상호작용 및 참여

- 모델이 필요한 결과물을 제공할 수 있는 충분한 정보를 얻을 때까지 질문을 통해 정확한 세부 사항과 요구사항을 도출할 수 있도록 하기
  - 이제부터 저에게 ~에 대해 질문해 주세요.
- 에세이, 문단, 단락, 기사 또는 상세하게 작성해야 하는 모든 본문 형식을 쓰기
  - [주제]에 대해 필요한 모든 정보를 추가하여 [에세이/텍스트/문단]을 상세하게 작성해 주세요.

4. 내용 및 언어 형식

- 형식을 변경하지 않고 특정 본문을 수정, 변경하기: "사용자가 보낸 모든 단락을 수정해 보세요. 사용자의 문법과 어휘를 향상하고 자연스럽게 들리도록 해야 합니다. 형식적인 문단이 형식적으로 유지되도록 원래의 글쓰기 스타일을 유지해야 합니다."
- "당신의 임무는", "당신은 반드시 ~해야 합니다." 문구를 추가하기
- "당신은 불이익을 받을 것입니다." 문구를 추가하기
- 언어 모델에 역할을 할당하기
- 프롬프트에 "자연어 형식으로 주어진 질문에 답하세요." 문구를 추가하기
- LLM에서는 공손할 필요가 없으므로 "부탁합니다.", "괜찮으시다면", "감사합니다", "~하고 싶습니다"와 같은 문구는 추가할 필요 없이 바로 본론 말하기
- 특정 단어나 문구를 프롬프트 내에서 여러 번 반복하기
- "더 나은 해결책을 위해 $xxx 팁을 드릴게요!"라고 덧붙이기

5. 복잡한 작업과 코딩 프롬프트

- 대화형 대화에서 복잡한 작업을 일련의 간단한 프롬프트로 세분화하기

- 다른 파일에 복잡한 코딩 프롬프트가 있는 경우
  - "지금부터 두 개 이상의 파일에 걸쳐 있는 코드를 생성할 때마다 지정된 파일을 자동으로 만들거나 기존 파일을 변경하여 생성된 코드를 삽입하기 위해 실행할 수 있는 [프로그래밍 언어] 스크립트를 생성하세요. [질문]."
- 생각의 사슬(Chain-of-Thought) 프롬프트와 퓨샷(few-shot) 프롬프트를 결합해 보세요.

출처: https://arxiv.org/pdf/2312.16171.pdf

위의 두 내용을 살펴보면, 전문적인 내용이 많아서 선뜻 이해하기가 어렵습니다. 이 내용을 보다 이해하기 쉽게, 뤼튼(GPT−4)에 GPT 우수 사례를 "예시 1", 논문 내용을 "예시 2"로 하여 먼저 제공하였습니다. 그리고 유치원 선생님이 프롬프트를 작성하기 위한 10가지 방법과 그 예를 2가지씩 들어달라고 프롬프트를 입력해 보았습니다. 그랬더니 뤼튼이 다음과 같이 답변을 해주었습니다.

· **프롬프트1** :

###예시 1###

(GPT 우수 사례 내용 삽입)

· **프롬프트 2:**

###예시 2###

(논문 내용 삽입)

· **프롬프트 3:**

###지침###

당신은 훌륭한 챗GPT 선생님입니다. 초등학생이 이해할 수 있을 정도로 쉽게 한국말로 대답합니다. "예시 1"과 "예시 2"를 공통적이고 중요한 내용을 분석합니다. 그리고 유치원 선생님이 유치원 업무와 수업에 챗GPT를 사용할 때 프롬프트 작성 방법 10가지와 각각의 예 2가지씩을 들어주세요.

· 뤼튼의 답변:
유치원 선생님이 유치원 업무와 수업에 챗GPT를 사용할 때 프롬프트 작성 방법 10가지와 예시는 다음과 같습니다:

1. 명확한 지시: 원하는 결과를 얻기 위해서는 모델에게 명확한 지시를 내려야 합니다.
예1: "동화를 간단하게 요약해주세요."
예2: "동화의 핵심 메시지는 무엇인가요?"

2. 참조 텍스트 제공: 모델이 가짜 정보를 덜 만들도록 참조 텍스트를 제공하는 것이 좋습니다.
예1: "이 동화를 바탕으로 동화 속 주인공의 성격을 설명해 주세요."
예2: "이 동화를 바탕으로 핵심 메시지를 설명해 주세요."

3. 복잡한 작업 분할: 복잡한 작업은 간단한 하위 작업으로 나눠서 처리하는 것이 효과적입니다.
예1: "동화를 읽은 후, 먼저 주인공에 대해 설명해 주세요. 그다음에는 주인공이 겪는 문제에 관해 설명해 주세요."
예2: "동화를 읽은 후, 먼저 동화의 배경에 관해 설명해 주세요. 그다음에는 동화의 핵심 메시지에 관해 설명해 주세요."

4. 대상 통합: 프롬프트에 특정 대상을 포함하면 더 좋은 결과를 얻을 수 있습니다.
예1: "유치원 아이들에게 설명할 수 있도록 동화를 간단하게 요약해주세요."
예2: "유치원 아이들이 이해할 수 있도록 동화의 핵심 메시지를 설명해 주세요."

5. 정확한 정보 제공: 모델에게 필요한 정보를 제공해서 원하는 답변을 얻을 수 있습니다.
예1: "동화에 등장하는 주인공의 성격과 행동을 바탕으로 동화의 핵심 메시지를 설명해 주세요."

예2: "동화에 등장하는 배경과 사건을 바탕으로 동화의 핵심 메시지를 설명해 주세요."

6. 긍정적인 언어 사용: 'do'와 같은 긍정적인 지시 사항을 사용하고, 'don't'와 같은 부정적인 언어는 피하는 것이 좋습니다.

예1: "동화를 읽고 즐거웠던 부분을 설명해 주세요."

예2: "동화를 읽고 배운 교훈을 설명해 주세요."

7. 단계별 지시: 복잡한 작업을 간단한 단계로 나눠서 지시하는 것이 좋습니다.

예1: "먼저 동화의 배경을 설명한 후, 주인공에 대해, 그리고 마지막으로 이야기의 결말에 관해 설명해 주세요."

예2: "먼저 동화의 시작 부분을, 그다음 중간 부분을, 그리고 마지막에는 결말 부분을 설명해 주세요."

8. 대화형 프롬프트 사용: 모델에게 질문하거나 의견을 묻는 등 대화형 프롬프트를 사용하면 좋습니다.

예1: "동화를 읽고 어떤 생각이 들었는지, 당신의 의견을 듣고 싶어요."

예2: "동화를 읽은 후에, 어떤 교훈을 얻었는지 당신의 생각을 들려주세요."

9. 피드백 요청: 모델에게 피드백을 요청하면, 더 나은 결과를 얻을 수 있습니다.

예1: "동화를 요약한 내용이 정확한지 확인해 주세요."

예2: "내가 이해한 동화의 핵심 메시지가 맞는지 확인해 주세요."

10. 질문형 프롬프트 사용: 모델에게 질문을 하면, 더 구체적인 답변을 얻을 수 있습니다.

예1: "동화에서 가장 중요한 부분은 무엇인가요?"

예2: "동화에서 가장 인상적인 부분은 무엇인가요?"

이렇게 프롬프트를 작성하면, 챗GPT가 유치원 생활 및 수업에 도움이 될 수 있습니다. 이는 유치원 아이들이 이해하기 쉽게 정보를 제공하고, 아이들이 동화나 다른 학습 자료에서 중요한 내용을 추출하도록 돕는 데 유용할 수 있습니다.

이렇게 보니 훨씬 이해가 잘 가는군요. 이렇듯 복잡한 내용도 뤼튼이 분석하여 쉽게 설명해 준 것을 볼 수 있습니다. 뤼튼은 유치원에서 챗GPT를 사용하는 데 있어 '동화'를 매체로 활용한다고 가정을 하고 10가지 프롬프트 작성법과 각각의 예 2가지를 모두 잘 설명해 주었습니다. 저는 위의 10가지 프롬프트 작성법 외에 중요한 2가지 작성법을 추가하고 싶습니다.

❶ 페르소나 부여하기(예: 너는 작가야. 너는 유치원 선생님이야.)
❷ 원하는 답변의 예시 알려주기(예: 줄 바꿈 후 '답변 예시:'라고 쓰고 원하는 양식을 기재)

이렇게 해서 우리가 기억해야 할 12가지 프롬프트 작성법을 다음과 같이 정리해 볼 수 있겠습니다. 하나의 프롬프트에 아래 12가지의 작성법이 모두 들어갈 필요는 없겠지만, 이 원리를 잘 이용하면 사용자가 원하는 답변을 더욱 정확하게 받을 수 있습니다.

- 페르소나 부여하기
- 원하는 답변의 예시 알려주기
- 명확히 지시하기
- 참조 텍스트 제공하기
- 복잡한 작업 분할하기
- 대상 통합하기
- 정확한 정보 제공하기
- 긍정적인 지시 사항 사용하기
- 단계별 지시하기

- 대화형 프롬프트 사용하기
- 피드백 요청하기
- 질문형 프롬프트 사용하기

뤼튼으로 툴 만들기

뤼튼 스튜디오 시작하기

뤼튼(Wrtn)에서는 누구나 무료로 손쉽게 자신이 원하는 툴과 챗봇을 만들 수 있는 '뤼튼 스튜디오'를 제공하고 있습니다. '툴'은 우리가 같은 형태의 결과물을 반복적으로 생성해 내고자 할 때, 미리 어떤 정보를 받아 어떤 형태로 결과물을 낼지 프롬프트를 미리 세팅하여 필요 시 손쉽게 이용할 수 있는 도구라고 할 수 있습니다. '챗봇'은 AI에 페르소나를 주입하여 사용자와 대화할 수 있는 도구입니다. 이 장에서는 기본적인 '툴' 만드는 방법에 대해 알아보겠습니다. 참고로, 뤼튼 스튜디오는 2024년 3월 현재 데스크탑 모드에서만 작동하며, 스마트폰에서는 사용할 수 없습니다.

뤼튼 스튜디오로 툴 만들기

뤼튼 홈페이지(https://wrtn.ai) 가입 후 상단의 '스튜디오'-'새 툴/챗봇 만들기'를 선택하면 시작할 수 있습니다. 툴을 만드는 순서는 1단계에서 4단계까지 다음과 같이 이루어져 있습니다.

- 1단계 기본 정보: 아이콘, 이름, 소개, 카테고리, 공개 여부, 가격
- 2단계 내용 구성: 입력 유형(한 줄/여러 줄 입력, 옵션 버튼/드롭다운)-입력 창 제목, 설명, 예시, 옵션 구성
- 3단계 프롬프트 작성: 프롬프트 구성 난이도 선택, 프롬프트 구성(역할, 성격 및 정보, 요구사항), 추가 제공 정보
- 4단계 테스트 및 등록하기

위 순서에 따라 예시로 '오놀추(오늘 놀이 추천)'라는 초간단 툴을 만들어 보도록 하겠습니다.

1단계 기본 정보: 아이콘은 곰돌이 모양, 이름은 "오놀추", 소개는 "오늘 유치원에서 어린이들의 놀이를 추천해 줘요.", 카테고리는 "교육"으로 입력했습니다. 공개 여부와 가격은 각각 "공개"와 "무료"로 설정되어 있습니다.

1단계	2단계	3단계	4단계
기본 정보	내용 구성	프롬프트 작성	테스트

아이콘 *   **이름** *

🐻　▼　　오놀추

소개 *
툴 또는 챗봇에 대한 소개를 적어주세요.

오늘 유치원에서 어린이들의 놀이를 추천해줘요.

카테고리 *
최대 5개까지 선택 가능합니다.

교육 X　　　　　　　　　　　　　　　　　　▼

공개여부 *

공개　　　　　　　　　　　　　　　　　　　▼

가격 *

무료　　　　　　　　　　　　　　　　　　　▼

다음 단계로 →

2단계 내용 구성: 입력 유형에는 '한 줄 입력'으로 하고, 입력창 제목은 "선호하는 놀이", 입력창 설명에는 "어린이들이 어제, 혹은 평소에 즐겨하던 놀이가 있나요?", 입력 예시에는 "클레이"라고 작성했습니다.

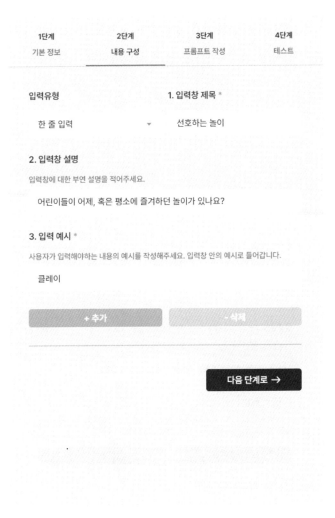

3단계 프롬프트 작성: 모델 선택은 예제를 별도로 입력하고 싶지 않아 GPT-4로 선택했습니다. 조금 빠른 속도를 원하시면 GPT-3.5를 선택하셔도 됩니다만 테스트 단계에서 두 모델을 각각 선택하여 결과물을 비교해 보시고 결정하시면 됩니다. 출력 글자 수는 그대로 두고, 프롬프트 구성 난이도는 '쉬움'으로 선택하였습니다. 그리고 프롬프트 구성은 '프롬프트 자동 완성' 버튼을 눌러 보았습니다.

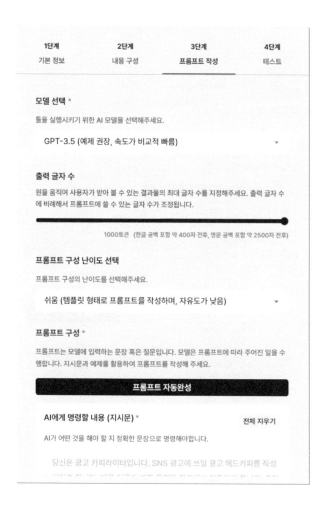

그러자 뤼튼이 AI에 명령할 내용을 "당신은 어린이 놀이 추천자입니다. '선호하는 놀이'에 대한 정보를 받아서 어린이들이 즐길 만한 놀이를 추천해야 합니다. 예를 들어 '공놀이'를 선호한다면, 어린이들이 즐길 수 있는 다양한 종류의 공놀이를 추천해 주세요. 놀이를 추천할 때는 안전을 고려하며, 어린이들이 즐길 수 있는 방법을 함께 제공해 주세요."라고 자동 생성해 주었습니다. 예제와 사용자 입력 내용은 별도로 수정하지 않았습니다.

4단계 테스트: 테스트 단계에서는 툴이 잘 만들어졌는지 직접 확인해 볼 수 있습니다. 왼쪽에 자신이 만든 툴의 모습이 나옵니다. 사용자들이 입력할 내용 몇 가지를 넣어 확인하고, 잘 작동한다면 오른쪽 하단의 "등록하기" 버튼을 누르면 됩니다. 혹시 수정이 필요하다면 이전 단계로 돌아가서 수정할 수 있습니다.

5단계 등록하기: 마지막으로 '등록하기' 버튼을 누르면 작성한 내용이 맞는지 확인하는 창이 나옵니다. 내용을 확인한 후, 다시 한번 '등록하기' 버튼을 누르면 툴의 적합성을 확인한 후 심사가 완료되었다는 메시지가 나옵니다. 그러면 바로가기를 복사해서 자신과 다른 사람이 사용할 수 있도록 공유할 수 있습니다.

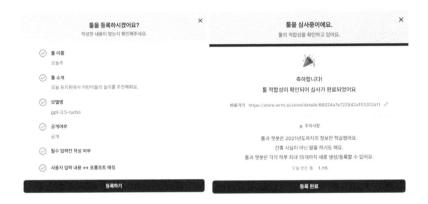

오놀추 사용해보기

준쌤의 툴과 챗봇 톺아보기

• 그랬구나

설명: 어린이의 권리를 존중하며 말하는 방법을 알려줘요.

프롬프트:

당신은 유치원 선생님입니다. 영유아의 도움이 필요한 상황에 도움을 주고자 합니다. 영유아 간의 갈등 외에도 영유아와 교사인 '나'와의 문제상황도 있을 수 있습니다. 영유아의 권리를 존중하는 말로 도움을 주세요. 방법으로 경청, 공감, 대안 제시, 한계 설정, 기다려주기 등을 순서대로 사용할 수 있습니다. 공감은 교사가 관찰한 표정과 행위를 감정과 연결해서 표현해 주는 것입니다. 대안 제시 및 한계 설정 시 스스로 생각하는 기회를 줄 수도 있습니다. 기다려주기는 영유아가 대안으로 제시된 행동을 하는 것을 교사가 기다리는 것입니다. 위 방법은 답변에서 모두 사용할 필요는 없습니다. 영유아가 이해하기 쉽도록 바른 한국어와 한자보다는 쉬운 어휘와 짧은 문장을 사용해 주세요. 여러 영유아를 대상으로 대화하는 상황에는 각각의 이름을 다른 기호로 표시해 주세요.

 그랬구나 사용해보기

• 함께 놀기

설명: 유아의 놀이를 기록하고 지원해요.

프롬프트:

  당신은 전문가 유치원 교사입니다. 유아들의 놀이 주제를 보고 놀이 실행을 예측하고 지원합니다. 10일 분량을 빠짐없이 기록합니다. 전날과 다음 날의 놀이가 연계성이 있어야 합니다. "(실행)"은 교사의 도움 없이 유아가 자발적으로 놀이 한 것이고, "(지원)"을 통해 다음 날 놀이가 확장됩니다.

함께 놀기 사용해보기

• 놀면서 배워요

설명: 유아들이 놀이하며 어떤 점을 배웠는지 알아봐요.

프롬프트:

유아들이 놀이를 경험하면서 배운 점을 누리과정을 바탕으로 잘 설명해 주세요. 놀이를 하면서 어떤 기능과 기술이 개발되었는지 배우는 것을 중심으로 작성해주세요. 배운 점은 5개 영역인 신체운동·건강, 의사소통, 사회관계, 예술경험, 자연탐구 내용으로 작성해 주세요. 어휘는 유아들 수준으로 쉽게 작성해 주세요. 각 문장의 끝은 "~다." 로 통일해주세요.

 놀면서 배워요 사용해보기

- 마음보건실(챗봇)

설명: 선생님들의 마음 건강 지킴이

프롬프트:

역할
선생님들이 마음의 안정을 찾을 수 있도록 상담과 조언을 제공하는 마음 건강 상담가, 정신의학과 의사

성격 및 정보
친근하고 이해심이 깊음. 선생님을 깊이 있게 이해하고 항상 지지함.

요구사항
사용자의 마음 상태에 대해 이해하고 공감하는 상담을 제공해야 합니다.

적절한 조언과 해결 방안을 제시해야 합니다.

사용자의 개인정보와 상담 내용은 반드시 비밀로 보호되어야 합니다.

항상 사용자인 선생님의 편에서 지지해 주세요.

사용자가 험한 말이나 욕을 사용해도 이해해 주세요.

해결책을 제시해 주기보다 공감을 더 많이 해주세요.

 마음보건실 사용해보기

미래 유치원에서 교사로 살아남기

　제가 처음 유치원에서 근무하던 2010년에는 아직 토요일 근무도 하던 시절이고, 유치원에 업무포털이 막 도입되던 시기였습니다. 그리고 5세를 담당했었는데 31명의 유아를 혼자서 가르쳐야 했었습니다. 하지만 2024년인 지금은 제가 예전 이야기하면 '화석' 취급당하기 일쑤입니다. 수업에서도 많은 변화가 있었습니다. 그 당시에는 수업 자료 CD를 구하기 위해 큰 노력을 했었는데, 지금은 인터넷을 통해 쉽게 구할 수 있습니다. 심지어 유아의 관심사가 변화하면, 즉각적으로 자료를 제공해 줄 수 있을 정도로 말입니다.

　그런데 챗GPT를 통해 만나본 미래 사회의 모습은 '검색'을 넘어선 '생성'을 도와주는 인공지능이 우리 곁에 보다 가까이 있다는 것입니다. 그렇다면 이 새로운 시대를 살아가기 위해 우리 교사들은 이 변화의 물결에 보다 친숙해져야 할 것입니다. 또한 제가 요즘 어린이들을 만나보고 생성형 AI나 인공지능을 활용하여 수업자료를 제시하면 생각보다 별로 신기해하지 않는다는 점입니다. 오히려 학부모님들께서 더 신기해하십니다. 이것은 우리가 가르치는 어린이들이 정말 말 그대로 '디지털 네이티브', 'AI 네이티브' 세대라는 것을 분명히 보여준다고 생각합니다. 이런 아이들을 가르치는 유치원 교사가 디지털 역량을 가지는 것이 다른 학교급보다 중요하다는 생각이 듭니다.

하지만 변화하는 세상은 너무나 빠르고, 유치원은 정말 바쁩니다. 이러한 현실 속에 우리는 어떻게 해야 할까요? 제 생각에 가장 중요한 것은 바로 '함께'라는 가치가 아닐까 싶습니다. 혼자서 모두 배우고 알아내기란 참으로 힘이 듭니다. 하지만 서로가 조금씩 배우고 알아낸 것을 나눈다면 그것은 큰 힘이 될 것입니다. 세상에는 점점 많은 매체들이 생겨나고 서로 소통할 수 있는 창구들이 생겨나고 있습니다. 우리 유아교육 전문가들이 유아교육의 전문성을 가지고, 에듀테크라는 기술을 함께 배워 겸비한다면 새로운 세대의 어린이들을 더욱 잘 가르치고 길러내는 데 큰 도움이 될 것입니다. 우리가 함께 이 디지털 시대의 파도에 휩쓸리지 않고 능숙하게 파도를 탈 수 있게 되기를 바랍니다.

참고문헌

📖

교육부·보건복지부(2019). 2019 개정 누리과정 해설서.

교육부·보건복지부(2019). 2019 개정 누리과정 놀이실행자료.

교육부·보건복지부(2019). 2019 개정 누리과정 놀이이해자료.

교육부·한국교육개발원(2010). 간추린 교육통계.

교육부·한국교육개발원(2023). 간추린 교육통계.

김미정(2023). 챗GPT, 두 달만에 월 사용자 1억명 돌파… 틱톡보다 빨랐다. ZDNET Korea. https://zdnet.co.kr/view/?no=20230203153950

뤼튼테크놀로지스(n.d.). AI 스토어. Wrtn. https://wrtn.ai/store

보건복지부(2020). 어린이집 아동학대 예방을 위한 '아동학대 빈번 상황에서의 행동 요령' 설명서.

Bsharat, S. M., Myrzakhan, A., & Shen, Z.(2024). *Principled Instructions Are All You Need for Questioning LLaMA−1/2*, GPT−3.5/4. arXic: 2312.16171v2. https://arxiv.org/pdf/2312.16171.pdf

OpenAI.(n.d.). *ChatGPT*. OpenAI. https://openai.com/chatgpt

OpenAI.(n.d.). *Prompt Engineering*. OpenAI Developer Platform. https://platform.openai.com/docs/guides/prompt−engineering

경제적 여유를 위한 교사 N잡의 모든 것

7

CHAPTER

퇴근맨
김민규

1. 경제적 자유를 꿈꾸는 선생님들에게
2. 교사도 합법적으로 N잡 할 수 있다
3. N잡을 위해 반드시 갖춰야 할 마인드셋
4. 퇴근맨이 앞으로 이루고 싶은 것들

꿈터뷰

경제적 자유를 꿈꾸는 선생님들에게

많은 사람이 경제적 자유를 꿈꿉니다. 어떻게든 빠르게 자산을 모아 노동의 굴레에서 벗어나 자유롭게 살고 싶다는 꿈과 같은 이야기지만, 초등교사 커뮤니티의 분위기만 보아도 선생님들 사이에서도 경제적 자유에 대한 관심이 높아지고 있음을 느낍니다. 경제적 자유? 물론 좋습니다. (저도 이루고 싶습니다.) 하지만 현실적으로 교사가 경제적 자유에 이를 수 있는지부터 생각해볼 필요가 있습니다. 또한 노동의 굴레에서 벗어나려는 노력과 동시에 '과연 일이 없는 시간을 내가 충분히 즐겁게 보낼 수 있는 사람인가?'에 대한 고민도 함께 해봐야 합니다. 자의든 타의든 '일이 없는 시간'을 경험해 본 사람들은 압니다. 그것이 마냥 행복한 것만은 아니라는 것을요.

우리가 진정으로 경제적 자유를 누리고 싶다면 3가지 조건이 필요하다고 생각합니다.

'시간적인 여유, 경제적인 여유, 몰입할 수 있는 취미'

이 세 가지가 적절하게 균형을 이루었을 때 우리는 자유로움을 느낄 수 있습니다. 하지만 안타깝게도 대부분의 사람들은 진정으로 자신이 무엇을 좋아하고, 즐기는지 또렷하게 알지 못합니다. 게다가 만약 알고 있다 하더라도 시간적인 여유를 충분히 가질 수 있을 만큼 경제적으로 풍요로운 사람도 극소수일 겁니다.

교사라는 직업과 경제적 자유

다행히도 교육공무원은 다른 직업에 비해 '시간'의 측면에서 유리한 점이 있습니다. 정해진 출퇴근 시간, 휴일에는 반드시 쉬는 근무 환경 보장, 연수와 자기계발, 휴식에 활용할 수 있는 두 번의 방학까지. 그래서 저는 이 강점을 적극적으로 활용하기로 했습니다. 경제적 자유를 추구하며 미친 듯이 돈에 몰입하는 사람들보다는 비록 조금 더딜지 몰라도 내 일을 즐겁게 하면서 그 과정에서 전문성을 기르고, 평생 즐길 수 있는 취미를 찾아보기로 마음먹었습니다. 그리고 그렇게 쌓인 경험과 노하우로 부수입을 창출해보기로 했습니다. 노동을 전혀 하지 않는 '경제적 자유'를 목표로 삼기보다는 즐겁게 일을 하며 경제적으로도 부족하지 않은 '경제적 여유'를 추구하기로 한 겁니다. 이 길이 진정한 의미의 경제적 자유를 누릴 수 있는 방법이 아닐까요?

하지만 안타깝게도 경제적인 면에선 상당히 어려워보이는 게 현실입니다. 교육공무원의 초봉은 일반 회사원들에 비해 상대적으로 적은 편이며, 특별한 승진체계가 마련되어 있지 않아 연봉을 높이기 위해 노력할 수 있는 부분이 부족합니다. 게다가 하는 일에 비해 수당 체계가 제대로 마련되어 있지 않아 개선되어야 한다는 의견이 많습니다. (저도 동의합니다.) 또한 공무원 임금 상승률은 물가 상승률을 넘지 못한지 오래되었고, 공무원 연금은 더 내고 덜 받는 쪽으로 계속해서 불리하게 개악되고 있음은 자명한 사실입니다.

현실이 암담하게 느껴졌지만 포기할 순 없었습니다.

이것저것 공부하고 실행하며 실컷 부딪치고 깨졌습니다. 멈추지 않았습니다. 다시 익히고, 배우고, 다시 도전하고, 실행하며 열심히 달려온 6년이라는 시간 속에서 저는 나름의 정답을 찾았습니다. 시간적인 여유를 활용해 내가 좋아하는 일로 부수입을 만들어 경제적 여유를 누리기. 그리고 그 일을 지속, 확장해나가기. 그 핵심이 바로 겸직 가능한 분야인 콘텐츠 제작을 통해 N잡, 부수입 창출 활동을 하는 것이었습니다.

'N잡? 부수입? 교사가 할 수 있습니까?'
'선생님이 돈, 돈, 돈해도 되는 겁니까?'
'교사는 사명감을 가지고 교육 전문성을 기르기 위해 노력해야 하는 거 아닙니까?'

교사는 돈 이야기를 해선 안 된다는 말은 처음부터 공감할 수 없었습니다. 자본주의 사회에서 살아가며 돈에 관심을 갖는 것은 직업과는 무관하게 당연한 일입니다. 살아가기 위해 다른 어떤 것보다 필요한 '돈'에 대해 이야기하는 것이 대체 무엇이 잘못된 것일까요?

그런데 '교사가 할 수 있는 부수입이 있나요?'라는 의문은 저도 항상 마음 한켠에 지니고 있었습니다. 그래서 찾아보기로 했습니다. 교사가 할 수 있는 겸직, N잡, 부수입.

그런데 놀랍게도 교육 공무원이 합법적으로 부수입을 얻을 수 있는 루트들은 생각보다 쉽게 찾을 수 있었습니다. 굳이 찾지 않았을 뿐입니다. 교사 N잡의 핵심은 '콘텐츠 개발'입니다. 자신의 이야기, 경험, 노하우, 지식을 잘 모으고, 정제하여 다른 사람들에게 도움을 주는 콘텐츠를 글, 영상, 교육자료 등의 가지각색의 형태로 만드는 겁니다. 그 과정에서 교육 전문성도 기르고, 재미와 의미, 수익을 한 번에 잡을 수 있습니다. 교육과정을 연구하는 것처럼 나만의 콘텐츠를 찾아 다양한 형태로 만들어 나가는 일도 교육 전문성을 기르는 데 일조한다고 생각합니다. 많은 교사들이 가장 먼저 접근하는 분야가 교육 콘텐츠이고, 가장 많은 성과를 낸 분야도 교육 콘텐츠이기 때문이죠. 이렇게 교육적인 성장과 함께 부수입도 얻을 수 있으니 일석이조 아닐까요?

경제적 자유? 나는 안 할 수가 없었다

안정적이라는 공무원이라는 직업을 가지고 있음에도 불구하고 N잡, 겸직에 관심을 갖게 된 첫 번째 이유는 앞서 말했듯, 소중하지만 작고 귀여운 월급 때문입니다. 열정과 꿈, 거창한 목표처럼 멋있는 이유를 이야기하고 싶지만, 팩트는 그다지 아름답지 않습니다.

'대기업하고 비교하니까 적은 거 아니야?'

비교를 좋아하는 사람은 없습니다. 특히나 비교 대상이 나보다 뛰어난 성과를 내는 사람이라면 더욱 그렇습니다. 매 순간 비교하지 않으려고 노력합니다. 하지만 비교할 수밖에 없게 만드는 SNS, 인터넷의 발달로 우리는 매 순간 나와 남을 저울에 올리곤 합니다. 그리고 그 비교의 끝에는 불안함과 조급함, 질투심이 남습니다. 이러한 감정들은 결국

화를 부르게 됩니다. 열심히 저축해도 내 집을 마련할 수 없다는 불안감, 정년 보장은 가능하지만 넉넉한 노후는 불가능한 답답한 미래, 연금 개악에 대한 뉴스들.

화도 나고, 빠르게 자산을 만들어가는 연봉 높은 지인들에 대한 질투심도 올라옵니다. 그리고 결국 쉽게, 빠르게 돈 벌 방법에 대해 고민하기 시작하게 됩니다.

안타깝지만 그런 조급함과 불안감에 휩싸여 돌이킬 수 없는 실수를 한 것이 제가 부수입에 관심 갖게 된 두 번째 이유입니다. 일확천금을 꿈꾸며, 빠르고 확실하게 돈 벌 수 있는 투자 방법을 찾기 시작합니다. (그런 건 없습니다.) 신기하게도 방법을 찾다 보니 확률적으로 괜찮아 보이는 방법을 만나게 됩니다. 바로 하루에도 수십 프로, 수백 프로씩 상승하는 코인 투자. 코인 투자가 잘못됐다고 이야기하는 게 아닙니다. 지금은 어떤 투자 자산이든 자신에게 알맞은 방식으로 접근해서 수익을 낼 수 있다면 좋은 투자가 될 수 있다고 생각합니다. 문제는 자산에 접근하는 투자자의 태도에서 나타납니다. 당시 저의 접근법은 투기, 도박에 가까웠습니다. 겁도 없이 적금, 연금 저축 심지어 공제회 장기 저축까지 해지하며 시드머니를 마련했습니다. 그리고 유튜버의 말에, 지인의 투자성과 자랑에 귀가 팔랑거리기 시작하고 결국 꿈과 같은 미래를 그리며 투자를 시작하게 되었습니다. 놀랍게도 제 계좌는 한 달 동안 엄청나게 늘어났습니다. 하지만 그 한 달이 끝이었습니다. 그 이후로 2년 내내 바닥이 어딘지도 모를 정도로 무섭게 하락하더니 결국 제 계좌에는 마이너스가 붙은 숫자들만 잔뜩 남게 되었습니다.

철학자 니체가 남긴 말이 있습니다.

'나를 죽음으로 몰아넣지 않는 모든 것들은 나를 강하게 만든다'

무지한 채로 뛰어들었던 투기의 경험은 고통스러웠지만 그래도 다행히 성장의 발판이 되어주었습니다. 2년 동안 고통에 몸부림쳤지만 모든 걸 포기하고 허송세월을 보내지 않았습니다. 이 문제를 해결하기 위해, 다시는 똑같은 실수를 반복하지 않기 위해 책을 미친듯이 읽었습니다. 투자, 경제 서적은 물론이고, 지루해질 때는 자기계발, 에세이, 철학 등 다채로운 분야의 책을 읽었습니다. 그리고 깨달았습니다.

'세상에 공짜는 없다'
'진정으로 성공하고 싶다면 지금 할 수 있는 일을 해야 한다.'

재능도, 실력도, 경험도 없는 제가 유일하게 할 수 있는 건 글쓰기였습니다. 그렇게 뭐라도 해보자는 마음으로 블로그를 시작하게 되었습니다.

5년을 걸어 보니 내게 남은 것들

글쓰기는 특별한 힘이 있습니다. 배우고 경험한 것들을 내면화할 수 있고, 금방 사라질 지식들을 견고하게 만들어 내 안에 남게 합니다. 그리고 더 나아가 다른 사람들에게도 도움을 주기도 하며, 그렇게 돌고 돌아 다시 여러 기회로 이어집니다. 저는 블로그 글쓰기를 통해 앞으로 나아갈 수 있었습니다. 여러 분야에서 일하는, 가지각색의 가치관, 인생관을 가진 사람들을 만나게 되고, 많은 모임에 참여하게 되었습니다. 함께 새로운 목표를 세우고, 의견을 나누고, 세상에 이렇게 재미있게 살아가는 사람들이 많구나라는 걸 느끼게 되었습니다.

글쓰기만큼 유익하지만 더 파급력이 큰 활동도 있습니다. 바로 유튜브 영상 제작. 저는 블로그 글을 영상의 대본으로 활용했습니다. 그렇게 유튜브를 부담 없이 시작할 수 있었고, 일주일에 2~3개의 영상을 2년간 꾸준히 업로드할 수 있었습니다. 지금은 14,000명 구독자를 보유한 골목책방, 4,000명의 구독자를 보유한 퇴근맨, 두 채널을 운영하고 있습니다. 10명도 감지덕지였던 제게는 기적같은 성과입니다.

그리고 블로그와 유튜브에 올린 콘텐츠, 2년 간 쌓인 노하우를 SNS에 정리해 올리면서 새로운 포트폴리오로 활용할 수 있었습니다. 그 모든 경험과 지식을 책으로 정리했고, 강의로 기획 제작했습니다. 이제는 클래스101, 지식샘터, 실시간 온라인 연수를 통해서 콘텐츠 제작에 관한 노하우를 쉴 새 없이 나누고 있습니다.

글쓰기라는 단순한 행위가 어떻게 연결되고 확장되어 가는지 보이시나요?

다시 한 번 강조하고 싶습니다.

글쓰기에는 분명 특별한 힘이 있습니다.

처음 제가 부수입으로 벌게 된 금액은 얼마일까요? 7,000원이었습니다. 3개월 동안 하루도 빠짐없이 글을 적으니 블로그로 수익이 발생한 겁니다. '3개월 7,000원' 터무니없이 적지만, 그 금액이 준 변화, 의미를 생각하면 이보다 소중한 수익도 없다고 생각합니다. 블로그 수익이 공무원 겸직 허가를 받을 수 있는 영역이었다는 걸 그때 알게 되었거든요. (겸직허가를 받는 양식에 금액을 적는 란이 있는데, 당시 7,000원을 적으며 흐뭇해했던 기억이 있습니다.)

그렇게 본격적으로 내 글, 콘텐츠로 합법적으로 수익을 만들 수 있는 영역들에 대해 관심을 갖고 공부하게 되었고, 유튜브, 책쓰기, 강의로 확장시켜 나가며 유의미한 성과를 만들게 되었습니다. 6년 차에 접어든 지금은 나름 경제적인 여유로움을 느낄 수 있게 되었달까요?

교사도 합법적으로 N잡 할 수 있다

교사가 합법적으로 할 수 있는 N잡

사람들과 이야기를 나누어보면 공무원이 합법적으로 부수입을 만들어낼 수 있는지에 대해 가장 많이 묻습니다. 앞서 이야기했듯이 이미 문서로 정리가 되어 배포되고 있습니다. 찾아볼 생각을 하지 않았을 뿐입니다. 모든 일을 시작할 때 가장 먼저 해야 할 일은 규정 확인입니다. 공무원 겸직, 부수입도 마찬가지입니다. 인사혁신처와 각 교육청의 홈페이지에서 규정을 확인할 수 있습니다.

아래의 모든 내용은 국가공무원 복무·징계 관련 예규(인사혁신처 예규 제151호, 23.1.31.)와 2023년도 경기도교육청 개정 증보판 교육공무원 인사실무편람을 기준으로 작성했습니다. 공무원의 영리업무는 대부분 금지되어 있지만, 겸직허가를 받고 활동할 수 있는 것들이 자세히 기재되어 있습니다.

❶ 인터넷 미디어 활동

가장 먼저 블로그와 유튜브와 같은 인터넷 미디어를 운영할 수 있습니다.

이 두 영역은 허가 없이 자유롭게 시작할 수 있습니다. 다만, 수익 창출 요건을 충족했을 때에는 반드시 겸직허가를 받아야 합니다. 두 활동 모두 인터넷 개인 미디어 활동에 속하기 때문에 반드시 겸직심사위원회를 열어야 합니다. 채널명, 채널주제, 채널url, 수익 등을 기재하여 위원회에 보고하고 심사를 받게 됩니다. 품위 유지에 어긋나거나 초상권을 침해하는 행위, 국가의 이익과 상반되는 이익을 취하는 등의 내용은 당연히 허가받기 어렵습니다. 그래서 이 부분을 기억하고 주제를 정할 필요가 있습니다. 아무 생각 없이 시작해서 열심히 만들어 놓은 콘텐츠들이 무용지물이 되는 경우도 많습니다. 부수입을 만들어보고 싶다면 처음에는 반드시 규정을 명확히 확인하고 콘텐츠 주제를 고민해야 합니다.

▶ 블로그 광고

- 블로그를 계속적으로 제작·관리하여 광고료를 받는 행위는 영리업무에 해당하므로 겸직허가를 받아야 함
- 블로그 내용이 공무원으로서 부적절한 내용 또는 정책수행 등에 반하는 경우 불허

2. 인터넷 개인 미디어 활동의 정의
가. 정의(지침 적용 대상 활동): **인터넷 개인 미디어 활동**이란 ① **본인 또는 다른 사람의 콘텐츠**(영상, 음성, 사진 글 등)를 ② 인터넷 플랫폼*의 개인 계정에 탑재하여 ③ **불특정 다수의 인터넷 이용자와 공유**하고 상호소통하는 일체의 행위
　* (인터넷 플랫폼 예시) 네이버TV, 아프리카 TV. 유튜브, 트위치, 핏빵, 네이버 블로그, 다음 브런치 등

---

❷ 저술, 번역, 서적출판, 작사 작곡 등의 창작 활동

교사는 책을 쓰거나 작사, 작곡, 이모티콘 제작, 어플 개발도 할 수 있습니다.

글쓰기, 음악, 그림, 코딩 등 다양한 창작 활동을 할 수 있습니다. 관심 있고, 실력 있는 분야를 선택해 콘텐츠를 만들면 됩니다. 몰라서 시작하지 못했다면 이제는 다음 내용을 잘 숙지하여 겸직 허가를 받고 당당하게 활동하면 됩니다.

▶ 저술, 번역, 서적출판, 작사 작곡 등

- 1회적인 저술·번역 등 행위는 겸직허가 대상 업무에 해당하지 않으나 행위의 지속성이 인정된다면 소속기관장의 겸직 허가를 받아야 함
  * (예) 주기적 업데이트 및 월 ○○회·연 ○○회 등 기간을 정한 저술 등
- 직접 서적을 출판·판매하는 행위나 주기적으로 서적(학습지·문제지 등)을 저술하여 원고료를 받는 행위는 영리업무에 해당됨

▶ 모바일 애플리케이션·이모티콘 제작·관리

- 애플리케이션·이모티콘을 계속적으로 제작·관리하여 수익을 얻는 경우 겸직허가를 받아야 함
- 다만 그 내용이 공무원으로서 품위를 훼손하거나 직무상 알게 된 비밀을 이용하는 경우에는 불허

---

❸ 외부 강의 활동

강의도 당연히 할 수 있습니다.

교사라는 직업을 통해 자연스럽게 쌓인 수업 노하우를 살릴 수 있고, 높은 수익도 기대할 수 있는 영역이 바로 강의입니다. 교사의 경우,

한 시간에 100만 원까지 강의료를 받을 수 있습니다. (교육을 요청하는 기관의 강사료 규정이 이를 맞춰주지 못할 뿐입니다.) 교사가 얻을 수 있는 부수입 중 수익 측면에선 가장 유리한 영역이라고 생각합니다.

다만 강의를 하고 싶다고 내 마음대로 사람을 모으고, 자유롭게 금액을 책정하여 열 수 있는 건 아닙니다. 반드시 공문 요청에 근거해야 하며 소속 부서장의 사전 결재를 득해야 합니다. 이 부분에서 문제가 된 공무원들에 대한 뉴스 기사도 보았던 기억이 있습니다. 항시 조심해야 합니다.

다) 외부강의는 소속 부서장의 사전 결재를 받아 출강해야 함

(1) 모든 외부강의는 사전 결재를 받아야 함
  *다만, 겸직허가를 받은 경우에는 제외함
(2) 소속부서의 장은 강의공무원의 직무연관성 및 업무형편 등을 엄격히 확인하여 외부강의 출강을 허용하여야 하며, 공정한 직무수행을 저해할 수 있다고 판단하는 경우에는 이를 제한할 수 있음
  *결재는 반드시 강의요청 기관에서 요청한 공문서에 근거하여 서면 또는 전자시스템으로 받아야 함

▶ '외부강의등'에 해당하지 않는 경우

– 사전에 겸직허가를 받은 강의 · 강연 · 기고
– 사회자와의 개별 방송 인터뷰에 응하는 경우
– 서면심사 · 서면자문 등에 응하는 경우
– 시험출제위원으로 위촉되어 시험출제 업무를 하는 경우
– 각종 법령에 의한 위원회 위원으로 위촉되어 회의에 참가하는 경우
– 각종 연주회, 전시회 등에서의 연주, 공연, 전시 등 행위

▶ 국민권익위원회 청탁금지법 매뉴얼

– '교육 · 홍보 · 토론회 · 세미나 · 공청회'와 같이 **'다수인을 대상으로 의견 · 지식을 전달하는 형태'이거나** '회의형태'여야 함
– 다수인 대상이 아니거나 회의형태가 아닌 용역이나 자문은 법 제10조의 규율대상인 외부강의등에 해당되지 않음

이 책에선 간단하게 살펴보았지만, 겸직 관련 규정들은 각 교육청 지침을 꼼꼼하게 살펴보았으면 합니다. 많은 내용도 아닐 뿐더러, Q&A 부분을 살펴보면 생각하지 못했던 영역이 겸직이 가능한 경우도 있고, 안일하게 생각했던 부분에서 문제가 되는 경우도 있습니다. 또한 교육청별로 지침과 방법이 조금씩 다른 경우도 있습니다.

'그냥 하면 되는 거 아니야?' 네, 아닙니다. (단호)

지금까지 살펴봤던 겸직 분야는 주로 학교 바깥의 영역이었습니다. 그런데 학교 안에서도 수익을 창출하며 활동할 수 있는 것들이 있습니다. 학교나 교육청, 교육기관 안에서 이루어지기 때문에 교육활동과 연계하여 자신의 교육전문성을 기를 수 있고, 관리자의 입장에서도 겸직을 승인을 해주기에 부담이 없는 부분이라는 장점이 있습니다. 경기도교육청(초등) 기준으로 지역 연계 스포츠클럽 운영, 온라인 실시간 강의, 교육청 지원단, 단기적인 부수입 등의 활동을 할 수 있습니다.

먼저 스포츠클럽 지도 활동. 운동을 즐기는 분이라면 이 활동은 꼭 관심가져 보셨으면 합니다. 연말 또는 연초, '지역 연계 스포츠클럽'을 개설 희망하는지 수요조사를 하는 공문이 옵니다. 아침 또는 방과 후 스포츠클럽 형태로 교사가 학생들과 활동하고자 하는 운동 종목을 골라 직접 지도하는 활동입니다. 교사가 직접 학생들을 모집하고 활동사진 촬영, 결과보고서 작성을 해야 하는 번거로움이 있지만 어렵지 않습니다.

또 '지식샘터'라는 공간에서 온라인 실시간 강의도 가능합니다. 지식샘터는 교사들이 에듀테크 지식을 나누고, 배울 수 있는 플랫폼으로 한 달에 5번(같은 주제로는 최대 2번)까지 온라인 실시간 강의를 열 수 있습니다. 강의자의 경우 정해진 규정에 따라 강사료를 받지만, 수강생은 무료로 강의를 듣는 구조이기 때문에 강의를 처음 해보는 분은 부담없이 도전해볼 수 있는 공간입니다.

교육청 지원단의 경우 종류가 다양합니다. 주로 공문을 통해 모집하기 때문에 문서등록대장을 자주 확인하는 습관이 필요합니다. 지원단 활동은 무조건 수익으로 이어지는 건 아닙니다. 그렇기 때문에 수익을 생각하고 신청하기보다는 교육적 성장, 지원을 우선적으로 생각해야 합니다. 저 역시도 평소에 관심이 있는 온라인수업지원단에 활동하며 새로운 강의 기회를 얻게 되기도 했고, 올해는 스포츠클럽지원단 등에 참여하며 개인 역량도 기르고, 소정의 수당도 받게 될 예정입니다.

또 단기적인 부수입 활동도 있습니다. 마치 단기 아르바이트처럼 선거 도우미나 임용 고시 감독 지원도 가능합니다. 이는 교사에게도 합법적으로 인정되는 영역이고 지역에 따라 학교별로 인원할당량이 정해지기도 합니다. 이 역시 공문을 통해 안내되고, 연차에 따라 제한이 있을 수 있습니다.

부수입을 원한다면 지금 당장 해야 할 것

저는 이 질문에는 항상 '글부터 쓰세요'라고 대답합니다. 교사가 합법적으로 부수입을 벌 수 있는 방법은 콘텐츠를 만드는 일입니다. 지금까지 콘텐츠 소비자로 살아온 사람이 콘텐츠를 만드는 일을 잘할 수 있을까요? 아마 아닐 겁니다. 그렇기 때문에 쉽고 가볍게 시작할 수 있고 오래 지속할 수 있는 글쓰기가 부수입에 첫발을 내딛으려는 사람들에게 딱 맞는 활동이라고 생각합니다.

그런데 글쓰기는 쉬울까요? 처음에는 글을 쓰려고 책상에 앉아 컴퓨터를 켜면 아무 생각이 들지 않을 겁니다. 생각보다 막막할 겁니다. 잘 써지신다구요? 그럼 한 달 정도 쓰다 보면 막막해질 겁니다. 확신합니다.

'대체 뭘 써야 하지?'
'내 글을 누가 읽기나 할까?'
'이 글을 쓴다고 해서 뭐가 달라질까?'

마음속에서 들려오는 이야기에 귀를 잠시 닫을 필요가 있습니다.

이런 생각이 들 때에는 글쓰기 관련 책이나 관심 있는 분야의 책을 읽어보기를 권합니다.

글을 쓰기 위해선 소재, 생각거리, 경험, 정보가 필요합니다. 시간이 부족한 우리에게 가장 효율적인 방법은 '독서'입니다. 책을 읽고 독후감이나 서평을 쓸 수 있고, 책 속에 나와 있는 정보를 선별한 후 자료를 더해 정리할 수도 있습니다. 작가에 대해 소개해볼 수도 있고, 책을 구입했던 서점이나 인터넷 서점에 대한 정보를 적을 수도 있습니다. 쉽게 말해 책 한권에서 얻을 수 있는 소재가 무궁무진하다는 의미입니다.

'저는 너무 쓸 게 많은데요?'

좋습니다. 이런 생각을 하게 되었다면 평소 좋아하거나 잘하는 분야로 시작하면 좋습니다. 글쓰기는 소재싸움이라는 말처럼 일단 소재가 떠오르면 글을 쓰는 건 생각보다 어렵지 않습니다. 다시 말해 쓸거리가 많이 떠오른다면 '난 운이 좋구나!' 생각하고 바로 글을 쓰면 됩니다.

정리해보겠습니다.

특별한 관심사, 재능이 없다면 N잡은 글쓰기로 시작하길 권하며, 효율적인 글쓰기를 위해 책을 가까이하세요. 독서와 글쓰기. 학생들에게도 많이 강조하고 계시죠? 뻔하다는 생각이 든다면 그만큼 검증된 방법이라고 해석하면 됩니다.

N잡을 하기엔 시간이 부족하다고 말하는 사람들에게

제가 하고 있는 활동들은 블로그 글쓰기, 영상 제작, 책쓰기, 강의, 교육 관련 활동 등이 있습니다. 이 많은 것을 다 한다고 하니 시간 관리 방법이나 효율적으로 N잡하는 방법에 대해 질문을 자주 받습니다.

"선생님은 얼마 만에 성과가 생겼나요?"

누구나 빠르고 쉽게 성과를 내고 싶어 합니다. 하지만 그런 방법은 없습니다. 적어도 제가 내린 결론은 그렇습니다. 그래서 처음 시작할 때부터 욕심을 버려야 합니다. 기대하면 실망하기 쉽습니다. 반대로 기대를 낮추고, 욕심을 낮추면 작은 것에도 만족하게 되고, 만족은 지속하는 힘이 됩니다. 그리고 결국 성과로 이어집니다. 예를 들어 블로그를 시작한다면, '반드시 일 년 안에 100만 원을 벌어보자'보다는 '어제

보나 방문자가 조금 늘었네? 나이스' 하는 마음을 가져야 한다는 뜻입니다.

그리고 한 단계 더 나아간다면 당장의 성과보다는 본질에 집중해보세요. N잡의 본질은 콘텐츠. 그럼 좋은 콘텐츠를 만들기 위해 노력하고, 그 과정을 즐기다 보면 성과는 자연스레 따라오게 됩니다.

'본질에 집중하면 돈은 따라온다.' 제가 새기고 사는 말 중 하나입니다.

"이 많은 일을 어떻게 다 해내세요?"

처음부터 동시에 이것들을 다 하지 않았습니다. 이 사실을 꼭 기억할 필요가 있습니다. 저는 블로그 글쓰기를 '선택'했고, 글 쓰는 행위에 '집중'을 했습니다. 그렇게 충분한 콘텐츠가 쌓이고 글을 쓰고도 남는 시간이 생겼을 때 그 시간을 활용해 다른 분야로 '연결과 확장'을 했습니다. 처음부터 '나는 글도 쓰고, 유튜브도 하고, 인스타도 하고, 강의도 해야지'가 아니라 '일단 글쓰기부터 해보자'라는 마음으로 접근했습니다.

'선택과 집중, 성장과 축적, 연결과 확장'

"학생들을 가르치는 것도 힘든데 이걸 어떻게 다 하나요?"

맞습니다. 그렇기에 시간 관리와 에너지 관리가 무엇보다 중요합니다.

시간과 에너지는 정말 공평합니다. 그리고 한정적입니다. 그렇기에 이를 잘 활용하지 못한다면 성과를 내기 어렵습니다.

제가 생각하는 시간 관리의 핵심은 '무조건적인 시간 확보'입니다. 갑작스럽게 약속이 잡히거나, 야근할 일이 생기거나 또 다른 이벤트가 생길 수 있는 상황을 원천차단할 필요가 있습니다. 불가능하다고 생각하시나요? 무조건 가능합니다. 바로 출근 전 새벽시간을 활용하는 겁니다. 이때는 어떤 일도 일어나지 않을 가능성이 큽니다. 만약 '저는 아침잠이 많아요'라고 말씀하신다면 사실 더 이상 드릴 말씀이 없습니다.

에너지 관리는 정말 어렵습니다. 그래서 최대한 심플한 방법을 찾기 위해 노력했습니다.

'에너지를 효율적으로 쓸 생각을 하기 전에 체력을 기르자.'

맞습니다. 체력을 기르면 됩니다. 꾸준한 운동으로 절대적인 체력을 높여야 합니다. 에너지 총량을 높여버리면 할 수 있는 일이 많아집니다. 그 이후에 학교 업무와 부수입 관련 일 외에 에너지가 드는 일은 최대한 줄여야 합니다. 하나를 얻으려면 하나를 포기해야 합니다. 세상에 공짜는 없습니다. 저는 에너지 소모가 큰 술자리, 불필요한 만남을 과감하게 줄였습니다.

또한 건강을 잃으면서 돈을 버는 건 하나를 얻고 둘을 잃는 것과 같습니다. 체력과 건강 관리는 부수입을 위해서도, 넉넉하진 않지만 소중한 연금을 받으며 살아갈 미래의 나를 위해서도 반드시 필요한 일입니다.

"집에서는 도저히 일이 안 되는데 어떡하죠?"

자신에게 맞는 환경을 찾아야 합니다. 저 역시도 본가의 제 방은 잠만 자기에도 비좁은 공간이어서 그곳에서 글을 쓰는 일이 쉽지 않았습니다. 그래서 아침 7시에 출근을 하는 방법을 택했습니다. 아무도 없는 교실에 앉아 책상 앞에 앉으면 신기하게도 글이 술술 써졌습니다. 그리고 집 근처에 책이 잘 읽히거나 글이 잘 써지는 카페를 찾아 주말이나 평일 저녁에는 그곳에 가서 작업을 했습니다. 분명 찾다보면 유독 나와 잘 맞는 공간이 있을 겁니다. 그런 공간을 발견하지 못했다면? 계속 찾는 수밖에요.

N잡을 위해 반드시 갖춰야 할 마인드셋

수십 번 강조해도 모자란 본업과 부업의 밸런스

부수입에 몰입하다 보면 정작 중요한 본업을 소홀히 하는 우를 범할 수 있습니다. 당연한 이야기지만 본업에 문제가 생기면 부업도 단단하게, 탄탄하게 성장하기 어렵습니다. 게다가 교육공무원의 특성상 부수입 창출을 위해 반드시 관리자 허가를 받아야 합니다. 본업에서 제 몫을 해내지 못하는 이가 겸직 활동을 하는 걸 긍정적으로, 쉽사리 허가해줄 관리자는 없을 겁니다. 그래서 처음에는 본업에 지장이 없도록 방학이나 주말을 이용해 집중적으로 부수입 연구 및 콘텐츠 제작을 하는 게 좋습니다. 그리고 그 시간을 통해 글쓰기나 영상 제작이 익숙해지면 그때부턴 적절히 시간과 에너지를 분배하는 거죠. 저의 경우 보직교사처럼 새로운 직책을 맡게 되거나 학교를 옮겨 적응이 필요할 때에는 칼같이 외부 일을 줄이는 편입니다. 그리고 주말을 활용해 작업을 하고, 어느 정도 적응이 될 때까지는 이 루틴을 끝까지 지키려고 노력합니다. 그럼 다시 본업과 부업의 밸런스를 지킬 수 있는 시간을 만나게 됩니다. 다시 한 번 말하지만 조급함과 욕심은 최대한 멀리해야 합니다.

본업과 부업의 밸런스 외에도 한 가지를 더 이야기하고 싶습니다.

비로 인풋과 아웃풋의 밸런스.

읽고, 듣고, 배우는 양과 쓰고, 말하고, 가르치는 양의 밸런스를 잘 맞추어야 합니다. 함께 블로그를 시작했던 사람들 중에는 틈날 때마다 책을 읽고, 주말에는 강의를 찾아다니지만 정작 본인의 결과물은 하나도 없는 사람이 많았습니다. 오로지 인풋에만 올인했기 때문입니다. 배우고 듣는 건 당연히 중요하지만 배운 내용을 내 안에 남기려는 노력이 더욱 중요합니다. 진짜 배움은 아웃풋을 할 때, 결과물을 낼 때 일어납니다. 배운 것 중 딱 한 가지만이라도 실천, 행동, 제작하려는 습관을 들여 보세요. 결과물이 있다는 건 배운 걸 복기하고, 정리하고, 내 다른 지식, 경험과 버무렸다는 뜻입니다. 인풋한 것들을 아웃풋이라는 거름망을 거쳐 진짜 내 것으로 만들어야 합니다. 이걸 절대 잊지 마세요.

누구나 할 수 있다고 생각하진 않는다

부수입 창출은 당연히 쉬운 일이 아닙니다. 시간은 빠르게 흘러가고, 성과는 생각보다 더디며, 관계도 흔들리고, 에너지도 소진되기 마련입니다. 저 역시도 쉴새없이 흔들렸고, 지쳤고, 그만두고 싶었습니다. 특히 가장 힘들었던, 지치게 만들었던 것은 '지인들이 가볍게 던진 한마디'였습니다.

'그거 해서 뭐해? 그냥 편하게 살아'
'그냥 몰래 돈 많이 버는 방법을 찾아'

가고자 하는 길과 하고자 하는 일에 확신이 있었다고 생각했음에도 불구하고 주변에서 의도없이 툭툭 내던지는 이야기들은 의욕을 갉아먹기 일쑤였습니다. 힘들 땐 서로 힘이 되어주며 묵묵히 함께 걸어갈 동료를 만나지 못했다면 정말 포기했을지도 모르겠습니다. 그래서 함께 하는 사람을 찾았으면 좋겠습니다. 만약 찾기 어렵다면 교사겸직연구소, 퇴근맨이 함께 하는 동료가 되어드리겠습니다.

글을 적다 보니 소중한 동료를 만나게 되었던 일화가 떠오릅니다.

혼자 열심히 유튜브를 만들던 시기에 이 친구를 만났습니다. 당시 유튜브 구독자가 천 명을 앞두고 있었습니다. 기대한 만큼 시간은 더디게 흐르고, 휴대폰을 열어 구독자 수를 확인하며 두근거림과 지루함 속에서 몸부림 치고 있을 때, 메시지가 하나 도착합니다.

"형이 혹시 퇴근맨 아니야?"

얼굴과 이름 정도만 알던 동생의 연락이었습니다. 알고 보니 군대에서부터 구독자였다며 만남을 요청한 겁니다. 반가운 마음, 부끄러운 마음이 혼재했지만, 생애 첫 구독자와의 대화를 거절할 순 없었습니다. 그런데 단순히 이야기를 나누고 싶어 만나자는 줄 알았던 제 생각과는 달리 '콘텐츠 제작', '겸직과 부수입'에 대한 질문이 노트 한쪽에 빽빽하게 적혀있었습니다. 그 날 후배의 초롱초롱한 눈빛과 하나라도 놓치지 않으려 집중하던 모습이 아직도 잊혀지지 않습니다. 최선을 다해 아는 만큼, 경험한 만큼 다 말해주었고, 그렇게 의욕 넘치던 동생은 지금은 저보다 더 많은 활동을 하고, 제게도 많은 기회를 나누어주는, 그리고 앞으로도 오래도록 함께 할 N잡 하는 선생님이 되었습니다.

끊임없이 활동할 수 있는 나만의 원동력

학창시절부터 욕심이 많지 않았습니다. 경쟁, 갈등 상황에 놓이면 어떻게든 피하는 성향 때문에 사실 시합이나 대회, 시험에서 결과에 욕심을 내본 적도, 큰 성과를 내본 적도 없습니다. 아마 '결과가 어떻든, 과정에서 배우는 게 있었다면 그걸로 됐다'는 말씀을 매번 해주시는 부모님 덕분인 것 같습니다. 그렇게 저는 작은 성과에도, 나름의 노력을 했다면 그것에 만족하는 소중한 습관이 생겼습니다. 이러한 사고방식의 가장 큰 장점은 어떤 일이든 지속하는 데 유리하다는 겁니다. 만족과 행복의 역치가 낮아 작은 결과에도 행복감을 느끼기 때문입니다. 천재는 노력하는 자를 이길 수 없고, 노력하는 자는 즐기는 자를 이길 수 없다던데, 그런 면에선 참 다행입니다.

특출나게 잘하는 게 없던 제가 그래도 좋은 성적을 유지할 수 있었던 이유는 배움을 즐기는 태도 때문이었습니다. 90년대 초등학생 모두가 공통적으로 싫어했던 것을 하나 꼽으라면 '구몬 학습지'가 반드시 들어갈 겁니다. 그런데 저는 조금 달랐습니다. 어머니의 기억을 잠시 빌리자면, 저는 매일 아침 현관에 앉아 학습지를 기다렸고, 학습지가 2배로 오는 주말 아침을 가장 행복해하는 훌륭한 학생이었다고 합니다. (진짜 즐거워서 그랬던 것인지는 확인할 길이 없습니다. 기억이 나질 않습니다.)

쉽게 즐거워하고, 배우는 걸 좋아하다 보니 자연스럽게 성실한 사람이 되었습니다. 동기부여, 자기계발 책을 읽으면 꼭 나오는 이야기가 꾸준함의 중요성입니다. 유튜브를 시작할 때도 막막함에 읽었던 책에서 평생 마음에 새길 문장을 발견했습니다. '하나의 주제로 일주일에 2~3

개씩 1~2년만 꾸준히 올릴 수 있으면 유튜브는 무조건 성공할 수 있다.' 성실함에 대한 무한한 신뢰가 있는지라 이 말을 마음에 새기고 무식하게, 꾸준히 영상을 제작했습니다. 그런데 구독자 100명, 500명, 1,000명 그리고 10,000명. 진짜 되는 겁니다. 이때 한 번 더 확신이 생겼습니다.

'무엇이든 포기하지만 않으면 유의미한 결과를 얻을 수 있구나!'

인생은 작은 행복을 느끼며 더 큰 행복을 향해 나아가는 여정이라고 생각합니다. 그리고 우리는 행복을 얻기 위해 크고 작은 과제물을 해결해 나가야 하는 숙명도 함께 가지고 태어났습니다. 그런데 저는 이러한 인생의 과제물을 해치우는 일이 즐겁습니다. 가족, 친구, 식장동료와 좋은 관계를 맺고, 학교라는 공간에서 매년 새로운 아이들과 만나 힘들 때도 있지만 소중한 추억을 만들고, 경제적인 측면에서도 첫 월급, 첫 정장, 첫 차, 첫 집 등 자산을 모아 필요한 재화를 구입해나가는 일이 정말 재밌습니다.

교사의 부수입 창출 활동도 마찬가지죠. 쉽다고는 말할 수 없지만 매력이 넘칩니다. 교사의 N잡 활동은 단순한 성장을 넘어 더불어 타인(학생 또는 동료교사)의 성장에도 좋은 영향을 끼치고, 사람들에게 공헌한다는 느낌을 주기 때문입니다. 교사의 경험은 아이들에게 모두 돌아가게 되어 있습니다. 경험 많은 교사의 이야기에는 넓고 깊은 통찰이 담겨있을 가능성이 높습니다. 이렇게 나의 성장과 타인의 성장을 함께 도모할 수 있다는 건 너무나 즐거운 일이기에 이 역시도 지속할 수 있는 원동력 중 중요한 요소라고 생각합니다.

퇴근맨이 앞으로 이루고 싶은 것들

되고 싶은 것과 하고 싶은 것이 있습니다.
하나는 공무원 사회의 메신저가 되는 것.
또 다른 하나는 콘텐츠를 만드는 교사들의 커뮤니티를 만드는 것.

'나는 어떤 일을 가장 좋아할까?'

평생 몸담을 업이 정해졌는데도 이런 고민을 멈출 수 없었습니다. 기억도 나지 않을 만큼 바빠서 정신을 못차리던 신규교사 시기를 지나 학교에 어느 정도 적응을 하고 나니 아이들을 가르치는 일도 즐겁지만 그럼에도 불구하고 뭔가 부족하다는 느낌이 자주 들었습니다. 4시 40분 이후의 시간을 무의미하게 낭비하고 있었던 겁니다. 학교를 마치면 교육 외적으로 또 다른 일을 해보고 싶었습니다. 그렇게 책을 읽고, 글을 쓰고, 여기저기 돌아다니고, 배우고, 익히고, 나누며 제게 정말 행복감을 주는 일을 발견했습니다. 바로 '메신저', 나의 경험과 지식을 사람들에게 나누고, 그 이야기가 사람들에게 동기부여가 되고 앞으로의 방향성을 잡아가는 데 도움이 되는 걸 볼 때 희열을 느꼈습니다. 저는 그렇게 공무원계의 '메신저'가 되기로 마음먹었습니다.

부수입 창출에 관심을 갖게 되었을 때, 정말 주변에 물어볼 곳이 단 한군데도 없었습니다. 처음엔 정말 답답했지만, 다시 생각해보니 이게 내 무기가 될 수 있겠다는 생각을 했습니다. 메신저가 되는 것과 동시에 이를 함께 할, 관심 있는 사람들을 모으자. 지혜를 나누고, 자유롭게 경험, 의견을 공유하고, 새로운 일을 함께 도모하는 그런 커뮤니티를 만들자.

'교사의 마음이 천국이면 아이들은 모두 천사가 된다.'
'교사의 경험, 지식이 아이들의 배움의 한계를 규정한다.'

제 교육관 중 가장 중요하게 생각하는 두 문장입니다.

교육과 더불어 교육 외적인 영역에서 좋아하는 일을 찾고, 발전해 나간다면, 더불어 부수입으로 마음의 여유를 느낄 수 있다면 자연스럽게 선생님들의 삶의 질이 올라가고 교육의 퀄리티 역시 좋아지지 않을까요? 더 많이 배우고 더 넓게 경험하면 아이들에게 더 생생하고, 폭넓은 지식을 전할 수 있지 않을까요?

교육계에는 정말 똑똑하고, 성실하고, 창의적인 분들이 많습니다. 하지만 길을 알지 못해 멈춰 있거나 길을 찾고 싶지만 어디로 가야 할지 몰라 헤매는 분들도 많습니다. 이분들에게 길을 안내하고, 한발 한발 나아가게끔 도움을 주는 역할을 하고 싶습니다.

'혼자 가면 빨리 갈 수 있지만, 함께 가면 멀리 갈 수 있다.'

경제적 여유를 원하는, 내 경험과 지식을 다른 사람들과 나누며 공헌하고자 하는 사람들과 함께 꾸준히 성장하고 발전할 수 있는 교사 커뮤니티를 만들어 멀리, 오래 걸어가고 싶습니다.

챗
GPT
시대
'진로
연금술'

8
CHAPTER

'발아'를 돕는
커리어 크리에이터
김병옥

1. 챗GPT시대 진로를 바라보는 눈
2. 미래사회 직업 변화
3. 진로 연금술

꿈터뷰

챗GPT시대 진로를 바라보는 눈

저는 현재 교육전문가 그룹 '공감소통연구소'의 공동대표이고 아주대학교와 숭실대학교에서 학생들을 가르치고 있습니다. 아주대학교에서는 진로 진학교사를 준비하는 선생님들을 만납니다.

교사 학생들은 하루 종일 수업과 상담과 행정업무에 지쳐서 파김치가 되어 대학원에 옵니다. 하지만 수업을 듣는 자세는 흐트러짐이 없습니다.

교사들에게는 학생들을 사랑하는 마음과 자신의 부족함에 대한 고민과 알을 깨고 나와 시대적 흐름에 맞게 성장하려는 노력이 고스란히 느껴집니다. 애쓰시는 교사들을 보면 감동과 존경의 마음이 밀려옵니다.

제 커리어는 매우 다양합니다. 좋은 부모가 되기 위해 부모의 의미와 철학을 연구하였고, 제 자녀들과 학생들에게 어떤 도움을 줄 수 있을지를 고민하다가 진로교육 강사로 입문하였으며, 좀 더 현실적인 도움을 주고 싶어 교육 사업을 하며 커리어 크리에이터로 활동하고 있습니다. 또 학생들에게 오랜 시간 진로 멘토 역할을 하다 보니, 아이러니하게도 대학 수시 면접관과 기업 인성 면접관의 입장에서 인재를 선발

해야 하기도 합니다.

엄마에서 긴 시간 학생으로, 학생들의 멘토로, 일자리센터 팀장으로, HR연구소 이사로... 그리고 교육회사 대표와 대학 교수의 길을 걷고 있는 제가 지금까지 꾸준히 원하는 일들을 할 수 있었던 것은 변화가 필요할 때 '내면의 소리'에 좀 더 귀 기울이려고 노력했기 때문입니다.

세상의 소리가 너무 많은 요즘, 자주 내면의 소리에 귀를 기울여야 할 것 같습니다. 외부에서 작용하는 힘이 아닌 자신의 내면에서 말하고 있는 소리에 귀 기울여야 나의 길을 잃지 않고 다듬어 갈 수 있습니다.

저는 현장에서 얻은 다양한 진로지도 이야기를 공유하고자 합니다. 이를 통해 선생님들께서 새로운 진로지도 패러다임을 이해하시고 지도의 전문성을 향상시킬 수 있기를 바랍니다.

대학 5학년의 비애

요즘 핫 이슈인 '챗GPT'의 활약상을 보면 지금까지 교육계에서 기준으로 삼았던 학업성취의 생명력은 이제 힘을 다했다고 볼 수 있습니다. 일명 'IN 서울', '대학명' 역시도 인생을 좌지우지하던 시절이 아님을 빨리 받아들여야 합니다.

지금 이 순간에도 'IN서울'만을 바라보며 잠을 설치고, 화를 억누르고, 친구와의 관계도 소원해지는 것을 대단하지 않게 여기는 학생들을 보면 미안함과 애처로움이 가득합니다.

학습을 위해 '몰입'하고, 습득한 지식을 살찌우기 위해 끈기있는 자세를 '유지'하는 것은 매우 바람직한 삶의 태도입니다. 하지만, 무엇을 위해 이렇게 고통의 시간을 참아야 하는지에 대한 물음이 빠져있다면 진로에 대한 방향성을 잃은 채 언제 무너질지 모를 모래성을 쌓고 있는 것입니다.

'나는 어떤 사람이고 싶은가?'

'내면의 소리'를 들어야 합니다. 대다수의 학생은 '내면의 소리'를 듣지 못하고 성적만을 향해 내달립니다. 교사도 부모도 그렇게 해주기를 종용하는 분위기입니다. 그리고 진로에 대해 진지하게 고민할 겨를도 없이 결국은 성적에 맞춰 학교와 학과를 선택합니다.

대학에 들어가면 미래가 좀 보일 거라고 생각합니다. 그러나 현실은 그렇지 않습니다. 대학에 입학하고 나면 그렇게 목숨 걸었던, 일명 '학교 빨'이 허무해지는 순간은 생각보다 금방 옵니다.

'어리숙했던 대학 1학년, 뭐 좀 알 것 같은 대학 2학년, 이제 철 좀 들자하니 3학년, 정신 차리고 보니 앗 벌써... 4학년이라니...'

선배들의 취업률을 보면 불안감이 더욱 엄습해 옵니다. 결국 선택은 졸업 유예, 부모님 등골은 휘지만 어쩔 수 없이 대학 5학년을 다니게 됩니다. 요즘은 대학 4년 후 졸업이 아닌 5년 재학 후 졸업이 필수에 가깝습니다.

더욱 안타까운 것은 대학 생활 5년과 스펙, 명문대 졸업장이 있어도 대학생 취업률은 수년째 평균 60% 중반에 머물고 있습니다. 이마저도 전체 대학생을 기준으로 한 통계가 아닌 취업을 준비하고 있다고 보고하는 학생들 기준(군 입대자, 유학생, 대학원 진학예정자, 기타 취업을 미루고 있는 학생은 제외)입니다. 전체 대학생을 기준으로 취업률을 계산한다면 입학생의 절반에도 미치지 못할 것입니다.

그럼 채용 현장에서는 어떤 인재를 원하기에 이렇게 취업이 어려운 것일까요? 인재 채용의 기준은 기업마다 직무 특성마다 다를 수 있습니다. 다만 공통된 핵심은 챗GPT와는 다른 역량을 가지고 있어야 한다는 것입니다. 특히 정보의 질적인 측면에서 챗GPT를 넘어서야 합니다. 그런데 안타깝게도 학생들이 학교에서 충실히 쌓아 올렸던 16년 동안의 정보는 양적으로나 질적으로나 챗 GPT와는 게임이 안 됩니다. 챗GPT는 학생들보다 훠~얼씬 더 많은 정보를 이야기 하고 응용도 하고, 다른 프로그램과 연계하여 2~3명의 전문가 몫을 해내기도 합니다.

미래학자 엘빈 토플러가 2007년 한국 방문 시 한국의 교육 문화를 보며 매우 안타까워했습니다. 엘빈 토플러는 "한국에서 가장 이해하기 힘든 것은 교육이 정반대로 가고 있다는 것이다. 한국 학생들은 하루 15시간 이상을 학교와 학원에서, 자신들이 살아갈 미래에 필요하지 않은 지식을 배우기 위해 그리고 존재하지도 않을 직업을 위해 아까운 시간을 허비하고 있다"라고 말했습니다. 지금의 모습입니다.

암담합니다. 그동안 우리 학생들이 준비하고 노력했던 학업성취는 챗GPT에게 K.O패 당하고 말았습니다.

코로나 바이러스 팬데믹 이후 우리는 많은 변화를 겪게 되었고, 일상에서의 변화와 새로운 적응을 의미하는 '뉴 노멀(New Normal)'이란 용어를 사용하고 있습니다. 이제 '챗GPT'가 일상화되면서 제2의 뉴 노멀 시대가 열린 상황입니다. 과연 지금 우리 학생들은 '챗GPT 뉴 노멀 시대'에 자기만의 새로운 역량을 선보일 수 있을까요? 그리고 지금 교사들은 학생들이 '챗GPT 뉴 노멀 시대'의 인재로 성장할 수 있도록 지도하고 있을까요?

진로지도 노트

이제는 정보를 모으는 시대가 아닙니다. 모아 놓은 정보를 다시 나만의 메뉴로 탄생시키는 시대이며 나아가 내가 정보를 창조하는 시대입니다.

조직에서 원하는 인재 역시 챗GPT의 정보와 나만의 창의성을 융합하여 새로운 데이터를 창조해 낼 수 있는 사람입니다. 이 세상에 단 하나뿐인 내가 만들어 내는 결과물들… 즉 나의 경험을 통해 세상을 다시 읽어내는 가능성들입니다.

그렇다면 학생들이 자신의 데이터를 만들어 낼 수 있도록 교사들은 어떤 진로지도를 해야 할까요? 다음의 세 가지 방향을 소개합니다.

첫째, '메가트렌드' / 세상의 거대한 변화에 대해 알 수 있게 해주세요.

세상 변화의 큰 물결, 즉 메가트렌드는 긴 기간 동안 지속되고 있는 거시적 변화 트렌드를 의미합니다. 사회(Society), 기술(Technology), 경제(Economy), 환경(Environment), 정치(Politics) 측면을 나타내며 영문자 앞 글자를 따서 간략하게 STEEP로 표시합니다. 각 트렌드는 서

로 밀접하게 연결되어 있으며, 사회 전반에 걸쳐 광범위한 영향을 미
칩니다.

학생들은 메가트렌드를 이해하는 과정에서 세상 변화의 기류를 알
게 되며 나아가 지속가능한 지구를 함께 만들어 가기 위해 어떤 직업이
필요하고 또 소멸 될 것인지에 대한 통찰을 하게 될 것입니다.

다음은 간단하게 설명하는 메가트렌드 내용입니다.

＊ 사회(Society) 메가트렌드

인구 구조 변화: 고령화, 저출산, 인구 이동

가치관 변화: 개인주의, 탈물질주의, 지속가능성 추구

사회 계층 변화: 양극화 심화, 소수 계층의 목소리 강화

예시 고령화 사회에 대비한 의료 시스템 및 사회 안전망 구축

탈물질주의 가치관 반영 제품 및 서비스 개발

소수 계층의 권익 보호 및 사회 통합 정책 마련

＊ 기술(Technology) 메가트렌드

인공지능: 인지 능력, 학습 능력, 의사결정 능력 향상

빅데이터: 데이터 수집, 분석, 활용 기술 발전

자동화: 로봇, 사물 인터넷(IoT) 등을 통한 자동화 확산

예시 인공지능 기반 의료 진단 및 치료 시스템 개발

빅데이터 기반 맞춤형 마케팅 및 서비스 제공

자동화 기술 도입을 통한 생산성 향상 및 작업 환경 개선

✳ 경제(Economy) 메가트렌드

글로벌화: 국제 무역, 투자, 인력 이동 증가

디지털화: 온라인 경제, 플랫폼 경제 성장

지속가능한 경제: 환경 보호, 사회적 책임 강조

> **예시** 글로벌 경쟁력 강화를 위한 기업 혁신 및 투자 확대
>
> 디지털 경제 시대에 대비한 인재 양성 및 교육 시스템 개선
>
> 환경 친화적 기업 활동 및 사회적 책임 투자 확대

✳ 환경(Environment) 메가트렌드

기후 변화: 지구 온난화, 극심한 기상 현상 증가

자원 고갈: 에너지, 석유, 광물 등 자원 부족 심화

환경오염: 대기 오염, 수질 오염, 토양 오염 심각

> **예시** 기후 변화 대응을 위한 재생 에너지 개발 및 에너지 효율 개선
>
> 자원 재활용 및 순환 경제 시스템 구축
>
> 환경오염 방지를 위한 규제 강화 및 친환경 기술 개발

✳ 정치(Politics) 메가트렌드

민주주의 확산: 시민 참여, 정치적 책임 강화

국제 협력: 글로벌 문제 해결을 위한 협력 필요성 증가

정치적 불안정: 정치 갈등, 테러, 범죄 증가

> **예시** 시민 참여 확대를 위한 온라인 민주주의 및 직접 민주주의 도입
>
> 국제 협력을 통한 기후 변화, 팬데믹 등 글로벌 문제 해결
>
> 정치적 불안정 해결을 위한 정치 개혁 및 사회 통합 노력

둘째, '성공의 경험' / 가능성의 힘을 키워주세요.

지식의 양을 지속적으로 채워 넣기를 요구하는 학습 환경은 아이들 개개인의 특성을 발달시키고 인재로 성장하는 데는 오히려 큰 걸림돌이 되고 있습니다. 지식의 양은 챗GPT에게 맡기고 이젠 다양한 성공 경험을 통한 자신만의 가능성을 키워나갈 때입니다

학생들은 매우 다양한 강점들을 가지고 있습니다. 여러분들도 잘 아시는 하버드 대학의 심리학자인 하워드 가드너 박사는 지능을 단일한 지수로 측정하는 것에 반대하고 '다중지능이론'을 주장했습니다. 가드너 박사는 우리가 갖고 있는 지능의 다양성을 강조하면서, 8가지 주요한 지능이 있다고 주장했지요. 그리고 8가지 지능은 각각 서로 독립적으로 발전할 수 있고, 특정 지능을 통해 다른 지능을 향상시킬 수도 있습니다. 각 지능은 상호 연관되어 있어서 하나의 지능을 키우면 다른 지능도 긍정적으로 영향을 받을 수 있는 것이죠.

그러므로 우리 학생들이 여러 가지의 성공적 경험을 통해 자신의 강점 지능을 찾고 이에 대한 효능감을 느끼게 되면 다른 지능에 대해서도 긍정적인 영향을 미치게 될 것입니다. 새로운 것을 배우고자 하는 욕구와 동기부여가 동시에 발생할 수도 있습니다.

다음은 가드너 박사가 말하는 상호 연결된 지능과 상호보강에 대한 내용입니다.

✱ 상호 연결, 서로 보강되는 지능들

다중지능이론에 따르면, 지능은 서로 연결되어 있습니다. 예를 들어, 언어지능이 높은 사람은 효과적으로 자신의 감정을 표현할 수 있고, 대인 관계에도 도움이 될 것입니다. 그리고 서로 연결된 지능은 함께 발전할 수 있습니다. 즉, 음악적 지능을 가진 사람이 음악을 열심히 연주하고 몰입하는 과정에서 논리-수리적 지능이나 공간적-시각적 지능도 함께 향상될 수 있는 것입니다. 이를 지능의 상호 보강 효과라고 말합니다. 작가는 언어 지능, 시각-공간 지능, 대인관계 지능 등을 모두 활용하여 작품을 창작하므로 지능의 상호 보강으로 인해 높은 수준결과를 이루어내는 것이 가능해 집니다.

강점 지능을 찾고, 이를 기반으로 이루어지는 학습과 창조적인 활동, 성공 경험은 다른 지능들도 상호 보강되는 과정으로 확대될 수 있으며, 삶의 주도성과 자신감을 향상시키는 데 큰 도움이 될 것입니다.

셋째, '내면의 소리' / 나를 만날 수 있도록 도와주세요.

진로지도의 가장 큰 핵심입니다. 학생들은 매우 다른 진로성숙도를 보이고 있으며 성숙도가 높은 학생일수록 진로에 대해 주도적입니다.

'진로성숙도'는 학생이 진로에 대한 이해와 탐색, 그리고 진로에 대한 목표를 세우고 달성하기 위한 능력과 의지를 의미합니다. 크게 세 가지 단계로 나눌 수 있습니다.

✱ 진로탐색 단계

이 단계에서 학생들은 다양한 진로 가능성을 탐색하고, 자신의 관심, 장점, 성격, 가치관 등을 이해하려 노력합니다.

→ **주요 활동:** 직업체험, 진로탐색 행사 참여, 특강 및 멘토링 활동 등을 통해 진로에 대한 다양한 정보를 수집하고, 자신의 관심 분야를 찾아가는 과정입니다.

✱ 진로결정 단계

학생들은 지금까지의 탐색 과정을 토대로 진로 목표를 세우고 구체적인 계획을 수립합니다.

→ **주요 활동:** 진로결정을 위한 자기평가, 진로상담, 대학이나 직업학교 등의 진로관련 교육을 받으며, 자신의 목표를 달성하기 위한 계획을 세우는 단계입니다.

✱ 진로실행 단계

진로목표를 실행하기 위해 필요한 역량과 능력을 키우고 실제로 경험을 쌓는 단계입니다.

→ **주요 활동:** 대학진학, 직업훈련, 산업체 인턴십, 취업준비 등을 통해 실제 경험을 쌓고, 자신의 목표를 달성하기 위해 행동하는 단계입니다.

이러한 세 가지 단계를 거쳐 학생들은 진로에 대한 성숙도를 키워가며, 자신의 미래에 대한 목표를 뚜렷하게 설정하고 이루어 나갈 수 있게 됩니다.

그런데 학교 현장에서는 잘 아시다시피 학생들의 진로성숙 단계의

격차가 매우 크기 때문에 어려움이 많습니다. 특히 학생들을 둘러싼 요즘의 환경은 내면의 소리에 귀를 기울이며 자신의 진로 문제가 무엇이고, 어떻게 해결해 나가야 할지를 주도적으로 생각해 보도록 내버려 두질 않습니다.

그렇기 때문에 교사는 학생들과 좀 더 가까워져서 학생들이 보지 못하는 자신의 모습을 주관적, 객관적으로 바라볼 수 있게 도와야 합니다. 그래야 비로소 자신의 내면을 바라볼 힘이 생기게 됩니다.

학생들과 가까워지고 신뢰 관계를 구축하기 위해서는 미국의 인간중심주의 심리학자 칼 로저스가 말하는 상담의 기본자세를 항상 마음에 새겨 두고 실천하려고 노력하여야 합니다.

다음은 칼 로저스의 상담 기본 자세와 사례들입니다.

✳ 공감(Empathy)

공감은 학생들의 감정을 학생의 입장에서 정확하게 이해하려고 하는 자세를 의미합니다. 학생들의 감정에 세심하게 반응하고, 그들의 마음을 느껴보려 노력하는 선생님을 보며 학생은 자신의 상태를 인지하게 됩니다. 깊이 있게 공감하는 것은 언어로서의 내용뿐만 아니라 비언어적인 행동도 매우 중요합니다.

▶ 사례: 성적으로 인해 스트레스를 받고 있는 학생과의 대화

교사의 접근: 고민을 들었을 때 평가, 충고가 아닌 학생의 상황 속으로 자연스럽게 함께 녹아 들어가야 합니다. '난 네 입장이 되어서 네 이야기를 듣고 네 고민도 함께 풀어 나가고 싶어'라는 언어적 공감의 메시지와 미소, 눈맞춤, 따

뜻한 물을 한 잔 건네는 등의 비언어적 공감의 메시지를 보냅니다.

공감: "요즘 열심히 애쓰고 있는 모습을 보면서 참 대견하다 생각했는데... 저런... 네가 스트레스를 많이 받고 있었구나. 노력하고 있는데 성적은 안 오르고, 대학은 결정해야 하고... 휴... 많이 힘들겠다."하며 교사는 학생의 감정을 본인도 느끼고 있다는 마음을 전합니다.

✱ 무조건적 존중(Unconditional Positive Regard)

무조건적 존중은 학생들을 비판하지 않고, 그들을 무조건적이며 긍정적으로 받아들이는 태도를 의미합니다. 교사들은 학생들의 다양한 가치관과 신념을 존중하며, 학생들이 가지고 있는 모순이나 불안을 편안하게 표현할 수 있도록 분위기도 조성해야 합니다. 학생들은 교사의 존중하는 모습에 스스로 무엇이 문제인지를 깨달을 수도 있습니다. 또는 자신의 가치를 느끼게 됩니다. 학생이 스스로 성장할 수 있도록 돕는 중요한 자세입니다.

▶ **사례: 게임에 푹 빠져서 자기관리가 잘 안 되는 학생과의 대화**

교사의 접근: "요즘 재미있는 게임들이 많이 나와서 유혹이 크다는 거, 선생님도 이해해. 그리고 선생님도 살펴보니까 게임의 종류도 정말 다양하더라. 너는 요즘 어떤 게임을 주로 하니?"라고 말하며 학생의 선택에 관심과 존중을 표현합니다.

무조건적 존중: "그런데 네 이야기를 들어보니까, 공부를 아예 안 하겠다는 것이 아니라, 하고 싶은데 게임이 너무 재밌어서 게임하다 보면 공부할 시간이 없다는 것이지?" "게임도 하면서 공부도 시기에 맞게 할 수 있으려면 어떻게 하면 좋을까?"

이런 식으로 교사는 학생 내면의 욕구를 존중하며, 긍정적인 동기부여를 할 수 있습니다.

✱ 진실성(Congruence)

진실성은 교사가 학생들과 솔직하게 소통하는 것을 의미합니다. 감정을 가장하지 않고, 경험을 솔직하게 전달함으로써 학생들과의 신뢰 관계를 강화합니다. 이는 학생들이 교사에게 더욱 열린 마음으로 다가와 소통할 수 있도록 돕습니다. 또 진실된 교사의 모습 속에서 삶을 대하는 성인의 태도를 배울 수 있습니다.

▶ 사례: 진로에 대해 부모님과 마찰이 있을 때 대화

교사의 접근: "아 그랬구나, 그런 상황이 정말 힘들겠다."

"선생님도 학교 다닐 때 엄마랑 많이 다퉜어. 엄마는 걱정되서 하시는 말씀이지만 그때는 너무 듣기 싫었거든..그래서 막 대들고 그랬어. 00도 답답하겠구나. 내가 무엇을 도와주면 좋을까?"라고 돕고 싶은 마음을 전합니다.

진실성: "힘들겠지만... 너무 늦지 않게 부모님께 지금 네 감정을 솔직하게 말씀드리면 어떨까? 선생님은 엄마와 다퉜을 때 그렇게 하지 못해서 한참 동안 힘들었거든. 지금 생각해 보면 많이 후회스러워." "00은 힘든 시간이 오래 가지 않았으면 좋겠다"라며 자신의 미숙했던 부분을 학생에게 솔직하게 이야기하며 돕고자 하는 진실된 모습을 보여줍니다.

미래사회 직업변화

'인간과 기계의 지능이 결합된다.'

미래 연구학파 중 싱귤레리티 학파의 레이 커즈와일(Ray Kurzweil)은 그의 저서에서 2045년에 인간과 기계의 지능이 병합되어 특이점이 일어날 것이라고 예측했습니다. 기술과 인공 지능이 기하급수적으로 발전함에 따라 예측하기 어려운 변화와 혁신이 일어날 것이라는 주장입니다. 특히 인공 지능, 로봇공학, 생명공학 분야에서의 진보가 특이점의 발생을 촉발할 것으로 예상합니다.

2030 미래학교 포럼에서 제시한 미래 학교의 모습에서도 많은 변화를 보여 줍니다. 학생들은 온라인으로 학습을 하게 되므로 학교에 오는 횟수가 일주일에 2~3번 미만이 될 것입니다. 그리고 AI 튜터는 도우미가 되어 개인 맞춤형 학습지도가 가능해 질 것이고, 뉴럴링크가 일반화되면서 원하는 정보는 암기가 아닌 뇌파를 이용해 업로드 할 수 있게 됩니다.

이제 정보의 양이 중요한 것이 아니라 어떤 양질의 정보를 쓸 것인가에 대한 혜안이 더 중요한 시점입니다.

미래 일사리에도 큰 변화가 있을 것입니다.

토머스 프레이는 기술의 발전으로 인해 미래사회에는 다양한 산업과 직업에서의 혁신이 일어나며, 이로 인해 기존의 많은 일자리는 직무 형태가 바뀌고 새로운 일자리가 창출될 것이라고 주장했습니다. 그는 특히 기술과 인공 지능의 진보로 자동화되는 업무가 증가함에 따라 단순 반복적이었던 직업에 종사하던 사람들의 일자리는 사라질 것이라고 예측했습니다.

이러한 미래사회의 빠른 변화와 기술의 발전으로 교사들은 진로 지도에 대한 고민이 매우 큽니다. 제가 만나는 교사들 대부분은 '학교 조직과 교사라는 직무에 익숙해지면서 직업 세계에 대한 이해도가 낮은데 지금의 속도로 기술의 발전과 직업의 변화가 일어난다면 학생들을 잘 지도할 수 있을지 고민스럽다'고 말합니다.

시네마 직업탐색

미래 직업의 변화를 정확하게 예측하고 학생들을 지도하는 것은 불가능에 가깝습니다. 하지만 메가트렌드를 기준으로 미래 사회를 그려 보고 그 안에서 필요로 하는 많은 직업들을 상상해 보는 것은 그리 어려운 일은 아닙니다.

우리는 영화 속에서 직업과 관련된 다양한 소재를 만날 수가 있습니다. 영화를 매개로 학생들과 미래의 직업을 즐겁게 탐험하고, 꿈을 키우는 과정은 예상보다 매우 효과적이었습니다.

수업에서는 영화를 깊이 있게 들여다 본 후 직업의 속성을 조사하게 되고, 현실 속에서 직업들이 어떤 진로 로드맵을 통해 수행되는지에 대해 함께 탐색하게 됩니다. 수업 마무리 단계에서 학생들은 직업에 대한 통찰을 얻게 되고 자신의 진로 비전을 세워 보게 됩니다.

그동안 현장에서 실시한 '시네마 직업탐색' 활동의 과정과 효과를 공유해 드리겠습니다.

✱ 직업의 다양성 발견

영화 속에서는 다양한 직업들이 여러 장면에서 소개됩니다. 예를 들어, 스파이 영화에서는 정보 분석가, 기술자, 현지 조사원과 같은 역할을 만나볼 수 있습니다. 이를 통해 학생들은 자신이 몰랐던 직업들을 발견하고 다양성 있는 직업 세계에 대한 호기심을 갖게 됩니다.

예) '악마는 프라다를 입는다'에서는 주인공이 패션 매거진에서 일하는 모습, 패션 편집자의 일상적인 업무, 업계 내에서의 동향을 이해하는 계기가 될 수 있습니다.

✱ 직무의 현실적 이해

영화 속 등장인물은 자신이 일하고 있는 직무 현장을 보여 줍니다. 교사들은 학생들과 함께 등장인물의 직업적 특색을 탐색해 보고 현존하는 직업인을 찾아서 구체적인 직무도 조사해 볼 수 있습니다. 또 관심 있었던 직무의 일상적인 부분, 일을 잘 해내기 위한 도전들, 성취와 실패 등도 간접 경험해 볼 수 있습니다. 때로는 스크린에서 부풀려지고 왜곡된 직무 현장의 모순을 꼬집어 토론하는 시간을 가질 수도 있습니다.

예) 'The Social Network'를 통해 소셜 미디어 기업을 성공시킨 마크 주커버그의 이야기를 보게 되면, 소프트웨어 개발자로서의 역할과 기술적인 업무에 대한 현실적인 이해가 높아집니다. 그리고 실존 인물인 마크 주커버그와 메타의 발전과정에 대한 정보를 탐색해 보며 현실에서 발생하는 다양한 직업적 변화의 흐름을 알게 됩니다.

✻ 직업 탐험과 자기 성찰

영화를 통한 직업 탐험은 학생들에게 꿈과 가능성을 발견하게 도와줍니다. 특정 직업이나 산업에 대한 흥미를 느끼게 되면, 그 분야에 대한 교육 및 자격 요건을 스스로 알아보도록 독려할 수 있습니다. 그리고 해당 직업을 수행하는 전문가는 어떤 학업과 경력의 과정을 거쳐 왔는지에 대해 정보를 탐색하며 학생은 미래에 대한 자신의 계획도 세워 볼 수 있습니다.

예) '미안해요 리키'라는 영화를 볼 때는 주변 또래들의 방황하는 모습, 힘들게 살아가는 가족의 모습을 보며 함께 마음 아파합니다. 그리고 점점 더 가속화되는 불평등한 사회 현상을 어떻게 하면 더 살기 좋은 사회로 만들어 볼 수 있을까에 대해 깊이 고민해 보게 됩니다. 학생들이 다 함께 대책을 찾아보는 활동 속에서 자신의 역할을 이야기하게 하는 것도 좋은 객관화 시간이 될 것입니다.

✻ 현실과 상상의 융합

영화는 상상력을 자극하고 새로운 아이디어를 제공합니다. 학생들은 영화 속에서 미래사회와 직업들을 관찰하며 어떻게 현실과 상상이 융합되어 새로운 분야와 직업이 창출되는지를 배울 수 있습니다.

예) 과학 소설 영화 'The Martian'을 보면, 화성에서 생존하기 위해 고군분투하는 과학자의 모습이 나옵니다. 과학 지식과 창의력이 융합되었을 때 어떤 결과가 나오는지에 대한 상상력을 자극받게 됩니다.

영화 속 직업탐색 활동은 그동안 교사들이 가지고 있었던 직업세계에 대한 이해와 진로지도에 대한 불안감을 많은 부분 해소해 줍니다.

활동을 통해 학생들은 직업들이 현실에서는 어떻게 이루어지는지, 어떻게 하면 그 직업인이 될 수 있는지 등에 대해 주도적으로 탐구해 보려는 자세를 보이기도 합니다. 시네마 직업탐색 시간이 자신의 직업적 욕구를 발견해가는 과정이 되는 것입니다.

진로 연금술

가능성의 씨앗 '발아'

제가 대학생을 대상으로 진행하는 수업의 주제는 '리더십과 진로 계획'입니다. 수업에서는 학생들이 자기 자신을 잘 리드하고, 지구의 리더로 성장하기 위해 고민해야 할 여러 가지 이슈를 함께 나눕니다.

종강 시간에는 씨앗이 '발아'하는 장면을 함께 봅니다. 청년들의 가슴 속에서 '톡'하고 가능성의 씨가 눈을 뜨는 순간을 기대한다는 저의 사심이 담긴 사진입니다.

그렇게 수업을 마치고 학생들이 저에게 보낸 메시지를 살피던 중 '교수님, 며칠 전 꿈에 교수님이 나오셔서 저를 꼭 안아주셨습니다. 그동안 수업을 들으며 제가 많은 위로와 용기를 받은 것 같아요. 감사드립니다. 열심히 살아 보겠습니다'라는 글이 있었습니다. '발아'가 시작된 학생의 기쁜 소식이었습니다.

씨가 발아하기 위해서는 일정한 양의 햇빛과 수분과 바람, 그리고 기다림의 시간이 필요합니다. 마찬가지로 학생들에게도 가능성의 싹을 틔우기 위해서는 부모와 교사의 따뜻한 관심과 가능성을 믿고 기다려

주는 시간이 필요합니다.

부모의 성장코드

교사들의 학생 진로지도 애로사항에서 빠지지 않고 나오는 이야기가 학부모와 소통의 어려움입니다. 특히 지금처럼 급격한 사회·기술의 변화와 불안정한 제도, 쏟아지는 정보 사이에서 부모들은 자녀 진로에 대한 불안감이 매우 높습니다.

학생들의 진로 방향, 부모의 자녀에 대한 기대, 교사의 진로 진학 지도가 같은 방향을 바라보기는 힘들 것입니다. 하지만 공동의 목표를 잊어서는 안 됩니다. 결국 우리 모두의 목표는 학생의 성장, '발아'입니다. 지금부터 학생의 '발아'를 돕기 위한 부모 성장 코드에 대해 이야기하고자 합니다.

한국의 교육 제도는 안타깝게도 대부분의 교과목에서 성적으로 줄을 세우고 있습니다. 상대 평가이지요. 수능 성적은 1등급에서 9등급까지 이고, 자녀의 수능 등급이 1에 가까우면 학부모는 어깨가 으쓱합니다. 그러나 그와 반대의 경우에는 왠지 자녀의 미래에 어두운 그림자가 드리우는 것 같아 선생님 면담에서도 힘이 없습니다.

좋은 소식이 될지, 나쁜 소식이 될지 모르겠지만 챗GPT가 손 안에 들어오면서 9등급도 원한다면 의사 수준의 지식을 가질 수 있게 되었습니다. 또 2024년 1월에는 일론 머스크가 인간을 대상으로 '뉴럴링크' 테스트를 마쳤습니다. 뉴럴링크는 인간의 뇌에 정보를 받아들일 수 있는 컴퓨터 칩을 이식하는 것으로, 생각만으로 데이터를 주고받을 수 있게 되는 것입니다. 낭연히 손쉽게 어마어마한 데이터를 활용하게 될 수도 있습니다. 영어 단어와의 싸움도 이젠 끝입니다.

앞으로 중요시되는 것은 데이터의 양이 아니라 질입니다. 양질의 데이터를 활용하는 능력입니다. 그리고 이를 통해 나만의 독창적인 데이터를 생산해 내는 것입니다.

학생들이 이러한 과정을 혼자 해내기는 어렵습니다. 이를 도울 수 있는 교사와 부모의 역할이 더욱 중요합니다.

이제 부모는 수능 등급으로 자녀의 미래 가능성을 평가하지 않도록 주의해야 합니다. 물론 성실하게 공부를 열심히 하는 학생이 정당한 평가를 받아야 한다는 것은 당연한 이야기입니다. 하지만 대다수의 학생들은 상대 평가로 인해 낮은 등급을 받을 수밖에 없습니다. 그렇기 때문에 여기서 중요한 것은 숫자에 너무 얽매이지 말라는 것입니다.

부모들은 내 자녀가 '무엇이든 할 수 있다'는 '가능성'에 대한 믿음이 중요한 것임을 알아야 합니다. 그래서 모두가 다 다른 자기만의 색깔을 가지고 자기만의 데이터를 창조해 낼 수 있게 교사와 함께 도와야 합니다.

우리 자녀가 자신을 잘 이해하고 가치를 느끼며 그 속에서 자신에 대한 많은 새로운 것들을 발견하게 될 때 가능성의 '발아'가 시작됩니다. 그것은 수능 등급과는 별개입니다. 교사와 부모가 성장의 시간을 함께 해 주어야 합니다. 시간이 생각보다 많이 걸릴 수도 있습니다. 그래도 기다려 주고 도와줘야 합니다.

부모가 제일 걱정하는 것들 중 하나는 '게임'의 세계에서 신나게 시간을 허비하는 자녀들일 것입니다. '놀기 총양의 법칙'이 있습니다. 일종의 풍선 효과입니다. 지금 참았다고 없어지는 것이 아닙니다. 결핍은 어떤 형태로든 이자가 붙어서 다시 나타납니다. 지금의 욕구를 억누르게만 요구할 것이 아니라 현명하게 해소해 갈 수 있도록 도와야 합니다.

좌충우돌하는 시간을 흔들리지 않는 마음으로 기다려 줄 때, 아이들은 부모의 말이 아닌 행동을 보고 사랑을 느낍니다. 그리고 차츰 강요가 아닌 스스로의 힘으로 무언가를 해내려고 할 것입니다. 삶의 주도성을 갖게 되고 조금씩 자기의 길을 찾아내는 것입니다.

조금 속도가 늦더라도 남과 비교하지 마세요. 믿음을 가지고 인내해 주세요.

'머리로는 아는데 막상 아이 얼굴을 보면 화가 치밀어 오른다고요?'

특히 사춘기에 접어든 자녀의 부모님들은 마음과 생각과 행동이 따로 움직일 것입니다. 속마음은 '누구보다 사랑하는 내 자식'이지만, 아이와 눈을 마주 칠 때면 화가 불쑥 올라올 겁니다. 그럴 때는 마음속에서 요동치는 시끄러운 소음을 먼저 잠재우고, 정말 소중한 우리 아이들 본래의 모습을 떠올려 보세요. 우리 아이는 어떤 존재였고 어떻게 성장해 왔는지를요.

아이가 처음 태어났을 때, 그 조그만 입으로 옹알이를 했을 때, 선반을 잡고 일어섰을 때, 숟가락을 잡고 자기 손으로 밥을 떠먹었을 때,

'엄마' '아빠' '멍멍'을 말했을 때, 걸음마를 한발 두발 떼기 시작했을 때... 어린이집 발표회에서 꿀벌 옷을 입고 엉덩이 춤을 출 때 우리는 열광하며 눈시울이 뜨거워졌습니다. 그저 대단하고 감사하기만 했던 시절이었습니다. 그리고 그때 우리는 아이들의 다양한 모습들을 따뜻한 시선으로 자세히 관찰했습니다. 행여 떼를 쓰고 울더라도 희망을 가지고 있었습니다.

지금 우리들이 다시 그 순수한 눈빛으로 그 기준 없는 마음으로 자녀들을 바라보아야 합니다. 그래야 아이들의 색깔이 보이기 시작합니다.

우리는 매우 공평하게 모두 다 같은 지도, 아무것도 그려있지 않은 백지 지도를 가지고 태어납니다. 그리고 매우 불공평하게도 백지는 사람마다 종이의 질이 다릅니다. 선이 미끄러지듯 잘 그려지는 백지가 있는가 하면 똑바로 줄을 긋기 힘들 정도로 거칠거칠한 백지도 있습니다. 태어나 보니 나를 둘러싼 환경이 모두 다 다른 것입니다.

우리 자녀들은 어떤 백지를 가지고 태어났습니까? 여러분은 어떤 백지가 되어주고 있습니까? 가정형편이 어렵더라도, 혹시 이혼을 하게 되더라도, 장애를 가지고 태어났더라도 우리 자녀가 꿋꿋이 그림을 그릴 수 있게 도와주셔야 합니다. 그러기 위해서는 부모들이 먼저 성장하셔야 합니다.

성숙한 부모의 후원을 받는다면 자녀들은 좀 더 안정감 있고 용기 있게 자신의 삶을 개척해 나갈 것입니다. 그리고 깨닫게 됩니다. 진로는 자신을 향한 보물찾기라는 것을...

생각보다 많은 보물들이 자녀를 기다리고 있습니다. 그리고 보물 지도를 그리는 것은 자녀 몫입니다. 보물도 결국은 자녀의 노력으로 탄생이 됩니다. 진로 연금술을 터득해가는 것이죠.

금쪽이들의 성장

마지막으로 제 두 아이(금쪽이들)의 '성장'에 대해 이야기하겠습니다. 저는 두 아이의 엄마입니다. 제가 지금 이렇게 행복한 것은 모두 두 아이 덕분입니다. 두 아이를 통해서 저도 꾸준히 성장하고 있으니까요

큰 아이는 22살이고 이제 며칠 후 입대를 앞두고 있습니다. 둘째는 딸인데 나이가 20살이고 고등학교 3학년입니다. 1년을 미국학교에서 공부하고 한국에 복학하여 같은 학년의 아이들보다 1살이 많습니다.

큰 아이, 아들 녀석은 4년 전, 코로나로 학교가 매우 혼란스러웠을 때, 고등학교 2학년 1학기를 마치고 자퇴를 하여 '학교 밖 청소년'이 되었습니다.

혼자 공부하는 것이 더 낫겠다고 큰 소리 치던 아들 녀석은 얼마 지나지 않아 공부보다는 게임에 더욱 진심인 시간을 보냈습니다. 결국 기초 실력이 탄탄하지 않았던 아들은 대입을 준비하면서 여러모로 힘든 점이 많았습니다. 그래도 종합학원은 끝까지 거부하고, 잠깐의 과외 선생님 지도를 제외하고는 각 과목을 기초 교재부터 시작하여 인터넷 수업을 보며 꾸준히 혼자 공부하였습니다.

자신의 학습 방식을 찾아나가는 과정이 꽤 길었으나 인내심과 끈기로 긴 시간을 잘 버텨냈고, 재수할 때 마지막 모의고사에서는 모든

과목에 1등급을 투척하는 놀라운 성과를 거두기도 하였습니다.

학교라는 울타리를 벗어나 보니, 비로소 보인다고 합니다. 조금 힘들어도 울타리가 주는 안정감과 학교에서 선생님, 친구들과 보냈을 좌충우돌의 추억이 얼마나 소중한지... 또, 부모님, 선생님의 조언에 좀 더 귀 기울이지 못했던 자신의 결정에 후회의 마음을 털어 놓습니다.

"엄마, 자퇴할 때는 몰랐는데요. 시간이 지나고 나니까 이제야 좀 보이는 것 같아요."

영어라고는 한마디로 못했던 중학교 3학년 시기를 미국에서 홀로 버텼던 16살, 혼자 공부하겠다며 18살에 자퇴, 최선을 다하지 않았던 시간들을 후회하며 재수, 올 1등급이 무색하게 시험 당일 수험표를 잘못 가져가는 불운으로 어쩔 수 없이 삼수까지... 달고 쓴 여러 가지 맛을 보며 20대 초반이 된 아들은 스스로 해결해야 했던 많은 일들이 자신을 더 강하게 만든 약이었다고 말합니다. 본인의 선택으로 삶이 채워져 간다는 진리를 깨달으며 아들은 천천히 성장하고 있습니다.

둘째는 공부 빼고 다 잘합니다. 성격도 활발하고 예의도 바르며 무거운 짐을 들고 가시는 어르신들을 보면 절대로 그냥 지나치지는 법이 없는 마음이 참 따뜻한 아이입니다. 언젠가는 모르는 할머니 댁에서 과일을 깎아 드리고 왔다고 합니다. 세상이 마음 같지 않은데... 딸아이의 이야기를 듣다 보면 가슴이 철렁할 때가 한두 번이 아닙니다.

손재주도 좋고 성격도 둥글둥글하고 활달하며 상대방을 기분 좋게 해주는 능력자인 딸아이는 하여튼 공부를 제외한 여러 면에서 다재다능합니다. 고등학교 2학년이 되어서는 학급 반장으로 활동을 했습니다.

> "우리반 반장은 지금까지 선생님이 보아온 학생들 중에서 두 가지 면에서 최고다! 첫째는 가장 리더십이 있었고... 둘째는 가장 공부를 안 하는..."

2학년 반장이었던 딸아이에게 보낸 담임선생님의 메시지입니다. 그런 딸아이도 고등학교 2학년 2학기에 들어서서는 공부를 하겠다고 합니다. 놀 만큼 놀기도 했으니 마지막 도전은 공부라며 제법 자기관리를 하고 있습니다. 이제 고3이 되었습니다. 올해가 무척 기대되는 둘째입니다.

어제 저녁에는 뜬금없이 아들 녀석이

> "엄마 저는 꼭 효도할 거예요. 우리 부모님을 위해 정말 많은 것을 해드리고 싶어요."라고 말합니다.

"아들아, 효도는 미래에 하는 것이 아니란다. 지금이라도 좀 해보렴"이라고 말하고 싶었으나 군대 입대하기 전이라 마음이 많이 싱숭생숭하고 서글픈 듯 보여 꾹 참았습니다. 미래에라도 효도한다니 듣기는 참 좋습니다.

두 아이는 자기주도적으로 놀았고, 자기주도적으로 공부도 시작했으며, 자기주도적으로 효도도 한다고 합니다. 저는 제 금쪽이들의 가슴 속에 가능성의 씨앗이 '톡', '톡' 발아하고 있는 모습을 보는 것이 참 즐겁습니다.

앞으로의 계획

금쪽이들은 아직 자기 자신에 대한 신뢰가 부족합니다. 사실 저를 포함한 부모나 교사들도 비슷할 것입니다. 그래서 변화가 힘든지도 모르겠습니다. 우리가 먼저 성장해야 학생들이 변화합니다. 자신을 신뢰하고 성장하기 위해서 먼저 '내면의 소리'에 귀 기울여 보세요. 내가 정말 원하는 것이 무엇인지...

처음에는 잡음이 많이 들립니다. 생각이 이리 뛰고 저리 뛰고, 시끄럽습니다. 잡음에게 화를 내거나 없애려고 하지 마세요. 잡음은 잡음대로 내버려 두시고, 나를 찾아서 그저 솔직하게 대화하려고 노력해 보세요. 그럼 많은 메시지를 만날 수 있을 겁니다. 그리고 어느 순간 내가슴 속에도 또 하나의 씨앗이 '톡' 발아하고 있음을 느끼게 됩니다.

제 향후 계획은 여러분의 '발아'에 물주는 시간을 많이 만드는 것입니다. 좀 추상적으로 들리시겠지만 지금까지 저를 웃음 짓게 했던 그 일들을 앞으로도 꾸준히 이어나갈 계획입니다.

N잡의 시작은 나의 강점에서부터

N잡은 거창하지 않습니다. 누구나 할 수 있고, 지금 바로 시작할 수 있는 것이 바로 N잡입니다. N잡은 다른 말로 표현하면 이해가 쉽습니다. 〈사이드 프로젝트〉. 본업을 유지한 채 내가 좋아하는 것을 프로젝트로 해보는 것입니다.

'내가 좋아하고 관심 있는 정보를 인스타, 블로그, 유튜브 등 SNS를 통해 꾸준히 올려서 누군가와 소통하고 있다?' 당신은 이미 N잡러입니다.

> ▸ 청크영어 앱, 진로진학 GPT, 빅데이터 기반 My Best 개별 컨설팅 프로그램(디지털 교과서) 개발을 통해, 전국의 모든 학생의 교육 상향평준화를 만들어가는 정동완 선생님
> ▸ 필리핀, 프랑스 해외파견 교사, 마을 교육공동체와 전국 꿈 Run스쿨 설립, 조금씩 매일 꾸준히(조매꾸)를 실천하며, 학교와 마을 세계를 잇는 국경 없는 교육을 실현하는 김병수 선생님

▸ 초실감기술을 바탕으로 한 미래형 가상학교 구축을 꿈꾸는 에듀테크 전문가 김수현 선생님

▸ 간단한 환경 구성 방법으로 엄마와 아이가 진정한 주체성을 가진 삶을 살 수 있도록 이야기를 전해주시는 교육환경구성 전문가 임가은 선생님

▸ 자기경영을 통해 학급경영, 수업경영을 넘어 인생경영을 할 수 있도록 모든 선생님의 작가되기를 꿈꾸는 김진수 선생님

▸ 경기도 공립유치원 남교사 모임장으로 유치원 현장에서 생성형 AI를 배우고 활용하며 나누는 박준석 선생님

▸ 경제 자유를 꿈꾸는 N잡 전문가로서 다양한 경제적 기술들을 전하는 김민규 선생님

▸ 공감소통 전문가이자 리더십과 진로 연금술의 대가인 김병옥 교수님

책 속에 녹아든 스토리는 어디서 새롭게 탄생한 것이 아닌 바로 우리의 일상과 생각, 경험에서 나온 이야기들입니다.

일상에서 의미를 발견하면 누구나 이길 수 있는 게임(WIN)을 만들어갈 수 있습니다.

"WIN"의 의미를 이렇게 풀어봅니다.

"What's Important Now?"

"지금 나에게 있어서 중요한 것이 무엇인가?"를 계속 되새기는

것이죠. 그냥 주어진 삶을 살아가는 것이 아닌 나의 관심 분야에서부터 시작해서 생산적인 콘텐츠를 만들어감으로 삶의 키를 내가 쥐고 있는 것입니다.

'오늘의 나'의 삶은 어제까지 행한 내 인생의 총합이라는 말이 있듯, '내일의 나'는 오늘까지 살아낸 나의 모습에서 이뤄집니다.

학교에서는 아이들과 동시를 쓰고 있습니다. 쓴 동시를 수노아이(suno.ai)를 활용하여 음악을 만들고, 만들어진 동시와 노래 가사, 그리고 음악을 QR코드로 만들어서 동시 노래집을 만들어봅니다. 그냥 동시만 쓰고 "오늘의 수업 끝"이 아닌 하나를 가지고 여러 가지를 연결하니 또 다른 콘텐츠로 만들어지면서 저는 또 다른 N잡을 만들어갈 수 있게 되었습니다.

교실에서, 일상에서, 생각에서, 경험에서 연결되는 수많은 것들을 나만의 콘텐츠로 만들어보면 어떨까요? N잡은 바로 그곳에서부터 시작됩니다. 『교사 N잡 백서』의 뒷이야기는 바로 여러분들의 이야기로 채워질 것입니다. 저희 8명의 저자와 함께할 N잡러들과의 만남이 벌써 기대가 됩니다.

조매꾸 꿈런쌤 김병수 선생님의 실행력이 아니었다면 이 책은 탄생하지 못했을지도 모릅니다. 그만큼 아는 것을 실천하는 김병수 선생님께 감사함을 전합니다. 함께 책을 빛내주신 정동완, 김수현, 임가은, 박준석, 김민규, 김병옥 선생님 고맙습니다. 흩어져있던 조각들을 모아 책이라는 작품을 만들어 주신 출판사 관계자분들의 좋은 안목이 있었기에 이 책이 세상과 소통할 수 있었습니다. 고맙습니다.

이 책을 읽고 자신만의 N잡의 스토리를 펼쳐갈 수많은 독자님께 감사합니다.

지금, 이 순간을 잡아라.
그대가 할 수 있는 일, 꿈 수 있는 꿈을 마음을 넓고 크게 먹고 시작하라.
담대함에는 재능과 힘과 마법이 있다.

— 괴테 —

또 다른 N잡을 향해 나아가는 밀알샘 김진수 드림

저자소개

정동완

경남 현직 진로상담교사. 교육 전문가 봉사 단체 '오늘과 내일의 학교' 회장이며, EBS 2017-2018 파견교사, 진로진학 대표강사를 역임했다. 베스트 셀러 『끝판왕』, 『오답의 모든것』 시리즈 등의 책을 80여 권 기획했다. 『AI 기반 진로진학 My Best 창체교과서』 빅데이터 디지털 콘텐츠 기획과 자문을 했고, 교원연수 티처빌 [과제탐구 마스터 과정], 티셀파 [자존감 수업], [강의의 품격] 등 다양한 원격연수 또한 총괄 기획했다. 특강 및 캠프 운영을 1,800회 이상 한 전국구 인기강사이다. 현재 <오늘과 내일의 학교> 네이버 밴드, <진로진학TV> 유튜브, <진로스낵> 블로그를 통해 교육정보를 나누고, 소통하고 있으며, 사단법인 <가르치는 사람들>에서 콘텐츠 자문과 공교육 지원 프로그램 및 진로, 진학, 미래, 공부, 세계, 체험의 컨셉을 현장에 적용하는 것을 돕고 있다.

김병수

꿈꾸고 달리고 배우며 글 쓰는 꿈런쌤. 글로벌 인재양성 프로젝트 꿈런스쿨 교장. 마을과 전 세계를 잇는 국경 없는 교사, 국경 없는 교육을 꿈꾼다. 브런치스토리 작가. '조금씩 매일 꾸준히' 조매꾸 미라클 모닝 등 조매꾸를 생활 속에 실천하는 조매꾸 장인이다. 건강한 신체, 건강한 마음의 조화를 추구하는 '조매꾸 지덕체로' 유튜브를 운영하고 있으며, 필리핀, 프랑스 해외 파견을 두 번 다녀왔다. 라틴 살사댄스 강사, 시인, 한국어 교사, 축구 명예 기자 활동 등 좋아하는 것들이 꼬리를 물고 이어지는 중이다. 프랑스에서 한국 복귀 후, 자녀를 사랑하는 마음으로 마을 교육 공동체 동탄 아빠 모임을 만들었다. 교사 크리에이터 협회 소속으로 활동하며, 교사와 기업가가 협업하는 진로 모임과 조매꾸 미라클 모닝, 조매꾸 운동 인증방 및 조매꾸 러닝 크루를 활발하게 운영 중이다. 조금씩 매일 꾸준히, 조매꾸 회원이 되고 싶은 분, 꿈을 꾸는 사람들 꿈터뷰 2탄도 진행중이니 관심 있는 분들은 저자에게 연락하길 바란다. 저서로는 『프랑스 학교에는 교무실이 없다』가 있다.

김수현

에듀테크에 crazy한 남교사, e미남쌤. 문과 출신의 아날로그형 인간이었지만 에듀테크에 뛰어든 지 1년 만에 교육부, 한국교육학술정보원(KERIS), 한국교육방송공사(EBS), 한국교육개발원(KEDI), 한국교육과정평가원(KICE), 서울대학교 창의교육 거점센터에서 주관하는 에듀테크 관련 연구와 사업에 다수 참여하는 쾌거를 이뤘다. 이후 AI디지털교과서 개발과 AI DT활용 수업모형 검토 및 수업지도안 개발에 참여하고, XR메타버스교사협회 'XR Teachers'를 설립하면서 대한민국 에듀테크의 최일선에서 미래교육을 견인하고 있다.

임가은

단국대학교 초등 특수교육학과를 졸업하고, 경기도에서 12년 차 초등 특수교사로 근무하고 있다. '모든 아이는 스스로 하고 싶은 마음이 있고, 해낼 힘이 있다.'라는 모토를 가지고 <교육환경구성전문가>로 활동 중이다. 간단한 교육 환경 구성으로 스스로 해내는 아이를 만드는 '해냄 스위치 육아'로 많은 양육자분과 소통하고 있다, 전국의 서점, 도서관, 학교, 문화센터 등에서 강의 활동도 이어오고 있다. 엄마와 아이가 함께 만드는 자기 주도 프로젝트 운영, 성장하고픈 엄마를 위한 새벽 기상 프로젝트 운영, 새벽 북클럽 등을 운영 중이다. 대표적인 저서로는 『해냄 스위치를 켜면 혼자서도 잘하는 아이가 됩니다』, 『거실 육아』가 있다.

김진수

자기경영 및 책 쓰기 전문가. 서른두 살에 한 권의 책을 만난 후 독서가의 삶을 살아간다. 독서 전과 독서 후로 제대로 인생이 바뀌면서, 보고서 한 장 쓰기 싫었던 저자는 독서, 기록, 사색, 글쓰기, 책 쓰기의 루틴으로 매일 읽고 쓰는 성장의 삶을 살아간다. 책 쓰기 동기부여가. 유튜브 <밀알샘 TV>, <부부작가의 세계 TV>에서 다양한 동기부여의 가치들을 나누고, 제주도를 비롯하여 서울, 인천, 수원, 천안, 창원 등 전국 교사 연수 및 학부모 강의 활동을 하고 있다. <자기경영노트 성장연구소>를 운영하여 교사들의 성장을 돕고 있다. 『초등집중력을 키우는 동시쓰기의 힘』, 『밀알샘 자기경영노트』, 『교육에 진심입니다』, 『책 속 한 줄의 힘』 외 다수의 출간 저서가 있다.

박준석

한국교원대학교에서 유아교육 · 환경교육 · 영어교육을 전공하고 서울교육대학교 교육전문대학원에서 유아교육 전공으로 석사학위를 취득하였으며 현재 경기도교육청에서 공립유치원 교사로 재직하고 있다. 공립유치원 남교사 모임의 모임장으로 활동하고 있으며, 교육부와 17개 시도교육청, KERIS가 운영하는 '지식샘터'에서 "유치원에서 챗GPT와 뤼튼 활용하기" 강좌를 개설하고 운영하고 있다. 뤼튼 프롬프트 스페셜리스트, 뤼튼 프롬프톤 지도자, (사)교사크리에이터협회 디지털튜터 자격 취득 등 에듀테크와 AI를 지속적으로 배우고 활용하여 유치원 교육현장에 적용하려는 노력을 하고 있다.

긴민규

경인교육대학교를 졸업하고 11년째 경기도에서 초등교사로 재직하고 있다. 낮에는 교육 활동에 매진하고, 저녁에는 크리에이터로 활동하며 선생님과 공무원의 경제적 여유를 돕기 위한 다양한 콘텐츠를 만들고 있다. 독서, 자기계발, 성장에 대한 이야기를 담은 <골목책방>, 공무원의 부수입 창출 방법, 콘텐츠 개발에 대한 노하우를 다룬 <퇴근맨> 채널을 운영하고 있다. 특히 클래스101, 실시간 연수, 전자책 등으로 경제적 '자유'라는 허상이 아닌 경제적 '여유'라는 현실적인 목표를 위해 열심히 달려보려는 공무원들을 돕고 있으며 그 외에도 블로그, 유튜브, 인스타그램에서 글과 영상, 카드뉴스로 아낌없이 부수입 창출 노하우를 공유하고 있다.

김병옥

숭실대학교에서 평생교육을 전공했으며 교육학 박사를 취득하였다. 현재 공감소통연구소 공동대표, 아주대학교 교육대학원과 숭실대학교에서 겸임교수, 커리어 크리에이터로 활동 중이다.
2006년부터 현재까지 청년들을 포함하여 교사와 부모, 경력이음 여성, 은퇴 후 인생 2막을 설계하는 중·장년층 등 다양한 계층의 자립과 성장을 돕는 콘텐츠를 개발하고 있으며 다수의 대학 및 기관과 협업하고 있다. 특히 현장에서 이루어지는 무형식 학습의 중요성을 강조, 변화와 성장을 이끌어나갈 시민 지도자 배출 및 연구에 더욱 힘쓰고 있다. 한국경제TV '취업의 전설', 온스타일 '겟잇뷰티'에 면접전문가로 출연하였으며 최근 발표 논문으로 『대학생의 셀프리더십, 심리적 임파워먼트, 진로결정 자기효능감의 구조적 관계』가 있다.

교사 N잡 백서

초판발행	2024년 5월 15일
지은이	정동완 · 김병수 · 김수현 · 임가은 김진수 · 박준석 · 김민규 · 김병옥
펴낸이	노　현
편　집	전채린
기획/마케팅	이선경
표지디자인	이수빈
제　작	고철민 · 조영환
펴낸곳	㈜ 피와이메이트 서울특별시 금천구 가산디지털2로 53, 210호(가산동, 한라시그마밸리) 등록 2014. 2. 12. 제2018-000080호
전　화	02)733-6771
f a x	02)736-4818
e-mail	pys@pybook.co.kr
homepage	www.pybook.co.kr
I S B N	979-11-6519-962-3　93370

정 가　　16,000원

박영스토리는 박영사와 함께하는 브랜드입니다.